海男六短篇

海男六短篇

海男 著

海豚出版社

图书在版编目（CIP）数据

海男六短篇 / 海男著. —北京：海豚出版社，2016.6（2024.4重印）
（短篇经典文库）
ISBN 978-7-5110-3298-0

Ⅰ.①海… Ⅱ.①海… Ⅲ.①短篇小说－小说集－中国－当代 Ⅳ.①I247.7

中国版本图书馆CIP数据核字（2016）第103936号

总发行人：王　磊
策　　划：林建法
责任编辑：朱敬利
美术编辑：杨小洲　闫　鸽
责任印制：蔡　丽

出　　版：海豚出版社
地　　址：北京市西城区百万庄大街24号
邮　　编：100037
电　　话：010-68325006（销售）　010-68996147（总编室）
印　　刷：涿州市荣升新创印刷有限公司
经　　销：全国新华书店及各大网络书店
开　　本：32开（787毫米×1092毫米）
印　　张：4.625
字　　数：56 千
版　　次：2016 年 12 月第 1 版，2024年4月第3次印刷
标准书号：ISBN 978-7-5110-3298-0
定　　价：49.00元

版权所有　侵权必究

目　录

1　　恋爱中的铁器
17　　戴骨饰项链的人
34　　带着伤疤的男人
50　　荒山上的波斯猫
67　　后　来
116　　再回首

恋爱中的铁器

甘苹手中握着铁器，那是一把剪刀，是一把过时的剪刀。甘苹自从恋爱以来一直握着这把剪刀，我在空气中看见了那把剪刀从纵横之中伸出来，甘苹的恋爱似乎就是从这把剪刀开始的。我是甘苹的女友，在很久以前甘苹就告诉我她有一个男朋友了，这对于甘苹来说实在不容易。甘苹不漂亮，但是甘苹的腰肢对男人女人来说却充满着诱惑。

当她站起来面对你时，她的细腰如此透明，我甚至可以看得见她腰肢上的血管。我想，如果男人爱上甘苹的话，一定会同时爱上她的腰。

甘苹向我讲述她的男友时开始拿起了那把剪刀，这是我从未看见的一把剪刀，我弄不清楚这把剪刀从何处而来,也许是从遥远的一只箱子里掉出来的,我想,当时我肯定已经看见了那只箱子,也许那只散发着木味的木箱是她母亲的箱子,或者更早一些是她祖母的箱子。总之,那不是一把平常的剪刀,而是一把有暗纹有锈的剪刀。

但我没有想到,甘苹讲她的恋爱故事时她总是握着那只铁器。她说:"我走在街上时总是与他相遇,他叫吴兆,那条街是我假日购物的街,他也去那条街上购物,我们就在那条街上认识了,是他先开的口,起初他对我微笑了一下,我好像也给了他一个微笑,他开始注意我的腰,我知道我的腰好细好细……"我对甘苹说他是被你的腰所吸引了。

甘苹笑了,她把剪刀放下,因为她听到了敲门声。只有甘苹自己才知道这是谁敲的门,她站起来,她穿着长裙,一团烟灰色的影子飘到门后,她从门洞里看了看外面,门就被她打开了。我看到了一个抱着玫瑰花的男人,我想,他肯定就是吴兆,甘苹的男朋友。吴兆的面庞很清瘦,奶油味十足。我知道这种男人的面庞像是蒙上了一层淡淡的水雾,与这样的男人恋爱,随时随地都要去感受他那颗敏感、纤弱之心。

我就这样在甘苹家里看见了她的男朋友,更为重要的是在那个恋爱的场景之中,我看见了那把恋爱中的铁器。一把过时的剪刀确确实实算不了什么,它如果置放在旧时代的老房子里和一个旧时代的妇女手上,它仅只是一把剪刀,一把用来剪断线头和剪开棉布的剪刀而已。而在那个属于甘苹的空间里,事情就变得完完全全不一样了。那把被甘苹紧握住的剪刀仿佛伸开了一条幽暗而又尖锐的缝道。在甘苹的恋爱中,那把有锈迹的铁器像一种道具一样存在着。它意味着什么?一种不测的东西在我脑海中闪现又被街上闪烁的灯火所湮灭了。

恋爱中的铁器在甘苹的生活中,在那客厅的空间中悬挂着一次短暂的幻觉,我开始追问,那把剪刀来自何处,而甘苹又为什么总是紧握着它,难道她的手需要那把铁器间的锈味,难道她已经习惯着迷于在那把伸开的铁器中寻找恋爱中的快乐。

甘苹在一个半夜敲开我的门时,我没有想到她是在逃离她的恋人吴兆。甘苹气喘吁吁,焦灼地对我说:"能让我藏在你家里吗?"我把她带进屋,她浑身颤抖,她站在灯光下面,我问她到底出什么事了。

甘苹喝了一杯水才平静下来,她说她最近才发现吴兆的女朋友就住在她的对面。每当吴兆进屋时,吴兆总是喜欢站在窗口。有一次甘苹也看见了对面窗口有一个女人,那个女人很漂亮,吴兆与那个女人的目光对视着,在那一瞬间里,吴兆几乎已经忘记了甘苹的存在。在那个瞬间里可以想象经常握着那把恋爱中的铁器的女人甘苹是一个多么敏感的女人。她把吴兆拉回到现实中来时平静地问吴兆与那个女人的关系。吴兆没有对此撒谎,他告诉甘苹,那个女人是他过去的情人,他曾经非常爱她,但她已经成婚,而且她并不像他那样爱她一样去爱他，她害怕他们的偷情被丈夫所发现，于是他们只好分手。他还诚实地告诉了一个令甘萍不能忍受的秘密。那是一个干燥的黄昏，空气中仿佛在冒着烟雾，他划亮一根火柴，点燃一支烟，他低声说："甘萍，准确地说我最早注意上你是因为你就住在她的对面公寓楼上，我想让她感受到那种嫉妒，我想这是我对她的最好的惩罚，所以我开始追求你……"甘萍情不自禁地握着那把剪刀，她后来才告诉我，那是她母亲送给她的剪刀。母亲在她进入少女时代后就把那把藏在箱子里的剪刀送给了她，母亲对她说："甘萍，在面对一个男人时一定要经常抚摸这把剪刀，也许这把剪刀会帮助你，它会让你达到目的。"我判断正确，那把剪刀确实是来自她母亲箱子里的剪刀。

现在我们来参与那把铁器，它的锈味在空气中飘荡，它的寓言藏在深处，它羁绊住了一个恋爱中的女人的自由，它可以操纵她的生活去向吗?

甘苹带来了她的剪刀,在她的包里藏着那把剪刀,她否定了她的爱情,她觉得吴兆是在利用她,利用她的空间,利用她的窗口,还利用她的感情与旧日情人见面,然后再利用这一切去报复他的旧日情人。

她藏起来只是一种可能,这种可能意味着她想让她的恋人见不到她,尽管她告诉我,她已经爱上吴兆,而吴兆也承认他后来慢慢地爱上了她。她藏在我屋里,这种可能是让她趴在窗口,她在穿越大街,她想看到吴兆的身影,但是吴兆不可能出现在窗下,因为吴兆根本不知道我的住处;另一种可能是她藏起来是为了体味那把铁器上的语言,她的母亲已经去见上帝,所以她只有独自面对进入恋爱中的剪刀,我看见她握着那把剪刀坐在窗口,她的逃离并不意味着她想使用剪刀上的语言。

那么,她带上那把参与了恋爱的铁器又意味着什么呢?当吴兆找到我的17号牌敲开门时,那是三天后的一个晚上,他似乎被一团阴影所推动着。我始终不相信站在门口的那个男人会是甘苹的恋人,因为我与他只有一面之交。当我问他要找谁时,他说出了甘苹的名字,我在他身上的那团阴影之中才看清楚了那张略略瘦削的奶油味十足的面庞,我把他引进屋。当时甘苹正在浴室,她有每天沐浴的习惯,而且那天晚上对于甘苹来说是那样闷热,她已经在浴室待了一个钟头,水龙头里流出的水声传了出来。我不时地来到浴室门口,后来我贴近门口叫道:"甘苹,吴兆来了。"没有甘苹的声音,我加大声音,仍然没有她的声音。一个半小时已经过去了,我有些紧张,回想着甘苹进浴室前的那种躁动,我走到客厅对吴兆说:"甘苹进浴室已经一个半钟头了,这是怎么一回事……"吴兆突然理解了我的意思,他绕过客厅跟随我来到浴室门口,然后伸出手去敲了敲门,仍然没有甘苹的声音,我对他说:"你把门弄开吧!"吴兆用胳膊顶住门用力使劲，门开了，甘苹躺在浴缸中，她已经割断了手腕上的静脉，鲜血染红了浴缸。吴兆迅速抱起甘苹，我可以在一刹那之间看见吴兆的那种绝望，还有什么，也许是爱，爱在他那张苍白的面颊上流动着。他抱走了甘苹，我们把她送进了医院，由于发现及时，甘苹活了下来，因为有了这场事故，吴兆有机会每天守候在甘苹身边。

我们尽可以想象这样的场景，一个想割断自己静脉告别人世的女人，她活过来以后看到她的恋人坐在身边，她避开了血淋淋的事实，避开了去见上帝的鲜血，她的手被他握紧，尽管她的面颊苍白无力，但是她不再逃离他的目光了。生活和爱重新延续在每一个现实的时刻，而我也在这个现实中忘记了他们恋爱之中的凶器。

从闷热的夏天进入了秋叶瑟瑟的夜晚，某天晚上我梦到了甘苹手中的那把剪刀，在梦里剪刀间的锈味强烈地扑面而来，一把剪刀头一次在梦中出现，它意味着在甘苹与那把剪刀之间一定发生了什么事情。梦醒之后的那种寂静笼罩着我，我在黑暗中找到了生活并将生活抓在手中，我有一种强烈的念头想给甘苹打电话，我希望听到她的声音。如果从电话中传来了她安然无恙的声音，那说明那把恋爱中的铁器仅仅只是呈现在我记忆之中的一把剪刀而已。而此刻我突然又放弃了打电话，我有一个更强烈的念头，我想出现在甘苹身边，看看她做什么。对现实生活的这种关照多年不断一直使我着迷，因为甘苹的那把剪刀和恋爱中的场景已经成为我研究人的存在的方式之一。

　　我想研究人并不是想研究他们的私生活，事物的秘密存在于我们每天用手接触的时间之中，而时间带着人又生活在梦境中的灰尘之外，有时候那些灰尘像影子一样浮在我们周围，我们会发现在梦幻和现实之中，被毁坏了的图案依然会奴役着我们。

　　此刻，甘苹的那把剪刀正在奴役着我，在那边是甘苹手握着那把恋爱中的铁器的故事，在这边是冰冷和遥远的闪光，我决心去看看那把剪刀，我已经有好长时间没有见到甘苹，也没有看到那把剪刀了，自从她活下来之后，她似乎没有更多的故事要告诉我。

甘苹穿着一件银灰色风衣，她并不是去与我所认识的她的恋人吴兆赴约的，而是越过阒无一人的街道扑进了另一个人的怀抱。我在沙漏似的灯光所分离出来的光线中看到了这样的情景，这使我加快了脚步，我需要快一些到达甘苹的那幢房屋外围，那些用坚硬的钢筋铸成的水泥柱子，在夜色中闪烁着灰色的、稳定的波浪。我似乎看见甘苹的面庞伸向一面镜子，她有特别纤细的脖颈和特别纤细的腰肢，她将面庞伸进一种毫无声息的画面之中，尔后才举起她的剪刀，那是恋爱中的铁器。

我没有想到我的手会发出有节奏的敲门声，给我开门的不是甘苹的前任男朋友，而是另一个陌生男人。我认为敲错门了，我刚说了声"对不起"，甘苹已经听到了我的声音，她趿着拖鞋，是一双柔软的塑料拖鞋，从鞋子下发出的声音使我亢奋，因为我就要进入那把铁器的故事了。

甘苹向我介绍了面前的男人，他叫邵林。在这种介绍中，甘苹竭力掩饰着生活的变幻莫测的方式。待我进到客厅，她把我拉进阳台，当我们的面庞面对星空时，她对我说，她刚离开前任男朋友吴兆，她并不痛苦，因为是她先离开他的。我问甘苹是不是那把剪刀改变了这一切，甘苹惊讶地问我是怎么知道这一切的。

我不加思索地说："甘苹，你应该把那把剪刀交给我让我替你保藏，否则……"甘苹的眼睛看上去似乎毫无表情，但是她问我："否则……你说会发生些什么事？"当她的声音显得迟疑起来之后我告诉她："甘苹，你不应该携带着那把充满锈迹的剪刀去跟男朋友谈恋爱，我预感到那把铁器会使你失去许多幸福的体验……""你也许说得有道理，因为在与吴兆的恋爱中，那把剪刀一直阻碍着我的热情……不过，我不会将那把剪刀交给你去保存，你放心，我已经把它藏进箱子里去，我的手不会再轻易地去抚摸那把剪刀了……我此刻渴望婚姻，我想嫁给他……你觉得他这个人怎么样？"

我对她现在的男友邵林还没有任何印象，在我看来，我的女友甘苹正在试图将铁器收藏进箱子里以后，敞开明亮的心扉与这个男人相亲相爱，走进婚姻生活之中去。那么，她能做到吧？不过，有一点我已经看到了，我已经没有看到那把恋爱中的铁器握在她手中，她现在需要的是温情的东西，而不是铁器中的锈迹闪烁着的箴言。

自那以后，尽管我已经看到甘苹挽着新任男友邵林的手臂在从公园散步回来的路上让我感受到了她对邵林的那种爱，让我感觉到了她幸福的面庞，但我总觉得生活是在很有规则的前行之中变幻出波浪的。就在他们要举行婚礼的一个星期前，甘苹给我打来了一个电话，她在电话中无助的声音，让我感觉到她给我打电话是因为她此刻需要我。

用半小时时间我已经来到了她公寓，她穿着睡衣，我从未看见过她穿着睡衣出现在我身边。她告诉我，昨天晚上她看见她的前任男友出现在对面的窗户里，尽管有一层深深的窗帘挡住了一切，但是她还是认出了他，他正站在窗口吻那个女人。看到这一幕，她的心绪完全被弄乱了。我问她是不是仍然爱着吴兆，她说问题并不出在这里。我问她那么问题出在哪里，她说她不明白他为什么那么快又会回到那个女人的怀抱之中去，而且明知道她住在对面还是站在窗口接吻。

我突然在她掩饰着自己的焦躁时看见了她侧面的那把剪刀，她似乎察觉到了我目光中的变化，一丝微笑挂在她嘴角："喔，我感到我的双手必须去使用这把剪刀，我对男人越来越不信任，我不知道应该怎么办。"她微笑着，事实上她是在绝望着，她内心的绝望使她将箱子里的那把铁器重新翻了过来。然而，这把铁器能给她带来什么呢？我安慰她说你不是很快就要与邵林结婚了吗？她点点头说："婚礼就在下周，我会披上婚纱结婚的，因为一个女人必须在一生中经历披婚纱的经历……"我听她说着话，看着那把她身后的剪刀，除了她的声音之外，似乎那把静寂无声的剪刀也会发出声音来。

她穿着睡衣，她贴近窗口说："也许，就在我这个位置，你隔一会儿就会看到吴兆，他也许还会来与那个女人约会，他们会站在窗口的窗帘下接吻……"我低声说："也许吴兆仍然爱着你，他的目的很清楚，他想让你嫉妒，如果你爱过他，你就会嫉妒……甘苹……"我看到那把铁器已经来到了甘苹的手上，她已经无意识地抓住了那把剪刀……

我们果然看见了那样的情景，一个男人正在对面窗户中吻着另一个女人，我深知这是甘苹的前任男朋友所策划并演绎的戏剧。当一个男人想把对一个女人的爱演绎成戏剧时，日复一日，他无疑也在等待着这场戏剧的结局。现在,甘苹紧握着那把剪刀,这是戏剧的高潮吗?她站在窗口,她的双手是温和的,铁器间也没有什么东西可以让她剪断的,听不到咔嚓的声音。我似乎看见,那把充满锈迹的剪刀正沿着一根根正在颤抖的螺旋形线条在旋转,那似乎就是戏剧的高潮之处。它凸现在我眼前,我看着那把铁器,既不能去安慰她,也不能去阻止她,我唯有参与并观看这场戏剧。

这场戏剧激怒了准备走进婚姻生活中去的甘苹,她在婚礼前夕找到未婚夫邵林,她穿着那双高跟鞋,即一双发出响声的鞋子,我站在二十米之外也能听到她高跟鞋下所发出的声音。她取消了与未婚夫邵林的结婚日子,为了消除散落在外的红色请柬,她走遍了每一个地方,她异样的行动使拥有红色请柬的朋友们百思不解,而她的未婚夫邵林却一句话也没有说,他似乎已经感觉到他的未婚妻并没有改弦易辙,他只是感觉到要么是她疯了,要么是生活在嘲弄他。

进入秋末的最后时刻,甘苹与她的前任恋人吴兆在街头相遇,他们的这次邂逅是如此的疯狂。那天晚上,他们在瑟瑟的秋叶中疯狂地造爱,而那把恋爱中的铁器置放在粉红色的枕头下面,每当甘苹发出爱的呻吟时,她的手就情不自禁地伸向枕头下面的那个位置,她的手显然已经触到了生锈的味道,她的手还触到了张开的剪刀上的线条和暗影。每当她仰起头来看着覆盖住她身体的恋人吴兆,她就悄然地告诉自己:我爱他,我是多么爱他,如果他背叛我,我也许就会使用那把铁器……

这个故事直到如今还没有结束,甘苹与吴兆重归于好,而婚姻还在前面,在他们约会之中,那把恋爱中的铁器一直存在着。我这个局外人,在潮湿而静谧的夜晚行走,有时候我想把甘苹的那把剪刀带走,这样她也许会更幸福,因为每个人都深知,一个恋爱中的女人拥有一把生锈的剪刀并不意味着幸福就在身边,然而,我却没有权利。

戴骨饰项链的人

她脖颈上的骨饰项链是我迄今为止看见过的最为性感的项链。在她用钥匙打开我邻居家的铁门时,我想起了邻居家女儿告诉我的话,在他们一家搬家之前,她女儿来还我扑克牌时曾说他们很快会搬家,这座公寓就租给别人住。看来,戴骨饰项链的女人就是租住这套公寓的人。她三十来岁,有着细腻的皮肤,我下楼时曾经与她擦肩而过,她的眼睛很大,是那种做过双眼皮手术的眼睛。但这些并不引起我注意,当一缕从楼梯上射过来的光线照在她脖颈上时,我看到了那串性感的骨饰项链。

现在我坐在阳台上,邻居家已经搬走了,他们的小女儿不可能再敲开我的门,但一个新的陌生的居住者的到来却使我感到新奇。一个戴着骨饰项链的女人，我分不清楚到底是那串项链本身是性感的呢，还是她的脖颈本身就是性感的。总之，她不是一个未婚女人，而是一个单身女人。在二十世纪末进入二十一世纪初时，单身女人的世界越来越宽广。然而，她们的世界又是暧昧的，如果没有暧昧，就不存在她洁白脖颈上的那串性感的骨饰项链。简言之，只有在生活中潜伏着暧昧不清的故事的女人才会为自己的脖颈寻找到最适合的项链，而这个女人很显然已经寻找到了最贴切的项链。

她搬进屋的那些家具在我上楼时堆集在门口，有一张桌子挡住了我的门，她说了声"对不起"便朝着里屋叫道："肖，请你来帮帮我……"于是，我就这样看到了肖，一个三十多岁的男人，他跑出来，他只说了声"对不起"便帮助她一起将那张挡住我门的桌子搬进了里屋。我嗅到了肖身上发出的汗味，他大约已经上了好几趟楼，流了许多汗水，能够这样积极地为这个女人做事的男人，肯定是她的好朋友或者是情人。也许她的那串性感的骨饰项链就是为这个男人而佩戴的。

我站在阳台上。我天生是一个观望者，我站在别人看不见我的地方，为自己的谜语揭开幕帷。我想起了罗伯·格里耶对一个女人的描述："这微笑似乎是难以形容的、遥远的、不稳定的、短暂的和不重要的秘密的反映，也许是天真无邪的微笑，也许是同谋共犯的微笑，没有实在意义的微笑。"

现在，我的邻居换成了一个陌生女人，她脖颈上那串骨饰项链吸引了我，我似乎能够感觉到她那串项链发出的信号。

肖是频繁出现在她生活中的男人，我在楼下碰到过好几次肖。然而，肖似乎并不是她的什么人，晚上很少见到肖来敲门。有一次我在我的客厅听到了肖的声音："姐姐，你在家吗？"那天下午肖并没有叫开门，他叫她为姐姐，那么，肖就是那个女人的弟弟。其实我知道，她根本没出门，我看见她坐在阳台上吸烟，她很慵倦地披着秀发，连肖叫她也不开门，那么，她是在等另一个男人。那个人会是谁呢？

可以看清楚她脖颈上的骨饰项链紧贴着她的肌肤，从现在开始，她显然已经等得不耐烦，她似乎已经睁大了双眼不相信那个男人会来赴约了。就在这时她松弛着神经，似乎想把那串项链从脖颈上褪下来。她听到敲门声时，我也听到了敲门声。对这个戴骨饰项链的女人的兴趣使我全身放松了，我似乎已经进入她的客厅，看到了那个男人进屋。她关上门。她并没有扑进那个男人的怀抱，她开始说话了。我还是这么清晰地听见她在说话。她站在那盏落地台灯的光影中，由于光影是黄色的，她的蓬乱的秀发似乎也变成了黄色。她说："你把我需要的武器带来了吗？""对不起，武器还未带来，我的朋友还没有回来……""我已经付给你过预金，三分之二的预金，你知道，我多么需要那武器……"她背转身去,她的腿稍微弯曲,他们的关系只是买卖的交换关系,她付给他预金,而他将武器带来。

我看见她那沙哑的嗓音变成了一种武器,那是她为之渴望的武器,那是使我无法想象出没有张开也没有合拢的扇形的武器。不对,那一定是冰冷的武器,像电影中的武器:尖利的刀锋晃动了几秒就已经戳穿了一具人体,而冰冷的、像婴儿的手掌一样张开的、玲珑的微型手抢已经替代了离我们的记忆和恐怖越来越远的左轮手枪。除此之外,我就再也无法设想别的刺激我感官的武器了,对此处的访问使我知道了住在这房间里的女人,那个戴着骨饰项链的女人正在等待着一种武器。

她又剩下一个人了,那个男人并不是她的情人,也不是她的弟弟肖。她送走了他,他并没有把武器给她带来,那似乎是她在这个夜晚期待之中的最为斑斓的色彩。

门被她所掩上的那一刻,她并没有看见

我的存在。因为我的存在并不是我的身体，我并没有创造奇迹让身体穿越过墙壁来到她的身边，我也并没有藏在她两扇已经合拢的玻璃屏风的另一边。但我的嗅觉，我的视线却进入了这个戴着骨饰项链的女人的空间。瞧，她褪下手腕上的在变色中闪烁着一层银色的手表，她端了一把椅子坐在穿衣镜前。这是一道雪白的光，她被光辉照着，我还是头一次看见她伸出手去抚摸着那条脖上的骨饰项链。事实上，她看上去很有味道，有点像国产片中的那些女特务，她的眼睛下潜藏着阴谋，噢，阴谋，能够用一双眼睛潜藏阴谋的女人，她肯定受到过阴谋的伤害或者说陷害。

现在，她并没有将那根骨饰项链褪下来。她缓缓地离开了穿衣镜，她的嘴角有一丝只有我可以看得见的微笑。她开始脱下那件睡衣似的长裙，她变得赤身裸体了。我知道，这个情景对于我来说已经没有意义，我便离开了，我像一支箭镞脱离了这个女人的空间。因为我深知,因为那个男人没有将她的武器带来,这个女人今夜的生活便是沐浴、睡眠和梦中的记忆。

趁她进入浴室的那一刻我已经带着我的嗅觉和视线离开了她的空间。这时我才发现,夜已经深,我同样也脱下我的衣裙,进入了沐浴液的泡沫之中去,在泡沫中我问自己:戴骨饰项链的女人为什么需要一件武器呢?

众所周知,携带武器除了自卫之外也是为了杀人。在我眼里,那些携带武器出入于生活场景的男人和女人更多的是为了寻找仇敌。

总而言之,一个住在隔壁的女人戴着骨饰项链,她今晚并没有得到她所需要的武器。这使我开始留意她的一举一动,每当听到脚步声,我总是想:也许是那个男人给她送武器来了。这当中,肖来过三次,他确实是她的弟弟,匆匆忙忙地停留一下就走了。我跟踪过肖,他在一家啤酒厂工作,单位在郊区。

现在,除了肖之外还没有任何别的人敲

开过她的门，她似乎也没有别的朋友，而且很少出门。我知道，她的生活是为了等待，起码这一段的生活是为了等待那个男人给她送武器来。人的欲望加剧了这种生活的意义，但为了等待她的武器，难道别的生活就已经远离她而去了？

事实上，她是一个有魅力的女人。当她独自一人穿着白色丝绸睡衣在屋里走来走去时，她会用纤长的手指托起一只咖啡杯。她的眼睛并不深黑但有一层褐色，她喜欢喝咖啡，并且是一杯接一杯地喝。天啊，那些浓咖啡，没有放糖片的浓咖啡会使她的神经如何地清醒。是的，她需要自己变得清醒起来，因为她每时每刻都在等待之中。

直到那天黄昏降临。那是一个怎样的黄昏，她的躯体被玻璃窗外的暮色笼罩着，就在暮色将她的手臂和脖颈染成金黄色时，她的躯体开始躁动起来了。

似乎这就是她的本能，她已经感受到了那个送武器的男人此刻正在路上，那个男人骑着摩托车穿过暮色中的郊区马路正在向北奔驰而来。她的深藏不露的阴谋在暮色之中敞开着,她坐在沙发上屏住呼吸,一动不动地倾听着门外的脚步声传来,那是一个穿着黑夹克的男人的脚步声,那是一双穿四十三码的男人的脚步声。就在他的手敲在门上那一瞬间,这个戴骨饰项链的女人猛然站了起来。她奔向门,她似乎已经从踯躅街头的风景中走回来。现在,打开门的风景才是她所有的风景,在她猛然间向前的那一刻,我看见了她的疯狂。

他提着一只箱子,他不像上次一样空手而来。他手中那只黑色的箱子对于她来说意味着实现阴谋的快乐。我看见了她的迫不及待,看见了她的疯狂在他打开箱子的那一瞬间暴露无余。

里面有一支手枪,这正是我所想象或预料中的,虽然光线半明半暗,但我已经看到了那支微型手枪。

我确信在这个世界上所有的人都在空隙

和阴云黑夜之中监视我的生活,而我也在监视他们的生活,我此刻正在监视戴骨饰项链的女人从箱子里拿起了那把枪,那把黑色的微型手枪,为什么会让她滋生快乐……为什么?

箱子里还有一颗颗子弹,这并不是我一生中唯一看见的子弹。然而,这些子弹的颜色却与这个身体柔软的女人形成了最强烈的对比。站在她身边的男人正在教会她如何使用枪,他将三颗子弹推进枪膛,他说:"你放心,这些子弹射出去不会发出声音。"她真是天才,她很快将子弹退过来,她已经在几秒钟内学会了操作那把微型手枪的技巧。

直到那个男人提着箱子走了以后她仍然在笑。一只木盒中装着子弹,她开始抚摸着那把枪并把枪对准墙壁,一切都像电影中所展现的一样。她张着双眼,但这似乎还不够,我看见她放下枪,直奔她的厨房,没有多长时间她已经拿着一张放大的照片过来了,她用图钉将照片固定在客厅的墙壁上。

一张男人的照片,这个男人的肖像看

上去极其英俊,我现在弄清楚了,这个男人的肖像是她射击的对象,可以设想她对这个男人的仇恨。但她又为什么要仇恨这个男人呢?她戴着骨饰项链,她冷冷地注视着被图钉钉在墙壁上的照片,那个男人脸上没有表情,但他的目光似乎很坚强。

她将枪口对准肖像,这种场景让我感到恐怖,同时也让我看到了她的右手在颤抖。正在这时肖在外面敲门,肖很显然又从啤酒厂赶来看他的姐姐来了。她迅速地抓起一件大衣裹起了那把枪连同木盒里的子弹放进了衣柜。

戏剧被她藏起来了,肖一进屋就感觉到了她的眼神。肖说:"姐,家里人都在找你,只有我知道你在哪里。母亲急坏了,我想你还是回家住去吧!另外,有一件事我也要告诉你,杨松就要结婚了,你就忘了他吧!"

突然间似乎有一只鸟儿飞进屋又飞出了窗口,我已经站在戏幕之间看清楚了戴骨饰项链的女人的阴谋:杨松就是墙壁上的那个男人，也许是杨松抛弃了她，所以她要用手枪射击他。但情况突然急转而下，肖看见了那幅肖像画，肖说："姐，那是谁的照片？"

要么是肖不认识杨松，要么是那张肖像不是杨松。一段时间过去后，肖告别。生活按照它的节奏悄无声息地进行着，生活就是在薄如蝉翼的危险中开始的。我现在看见了危险，戴着骨饰项链的女人慌乱地锁好门，她那温柔的眼神中有一种疯狂，她从衣柜中找到了那把微型手枪，她关了灯，拉上了窗帘，她要干什么？我嘘了一口气，她并没有准备出门，也就是说今晚她并不想携带那把枪出门。因为她已经到浴室去了，一阵稍强的水流大概已经从水管中上升溅湿了她裸露的肩膀，然后才溅湿了她赤裸裸的身体。在那样的沐浴和香气中，我想，她的嘴唇还有一丝温柔的光泽，但愿她忘却她的仇恨，无论她仇恨的那个人会是谁，但愿她在沐浴之中已经抚摸到亲爱的绳索，而她的那支枪就置放在客厅的茶几上，我无法确切地去估计那把枪的真正用途是什么。她灭灯上床睡觉，在睡觉前她把那支枪放在了枕头下面，这又是电影中的镜头，她正枕着那支微型手枪入睡。又一个问题涌上来，在这个世界上难道有她的敌人想陷害她？

第二天白天她没有出门，直到傍晚她才拉开了门，一个戴着骨饰项链的女人终于要走出门去了。她肩上挂着一只黑色的包，她穿着黑色的短裙，经过了精心的化妆。她现在完全是另外一个女人，她有一种让人震惊的美丽，宛如黑色的玫瑰，她的黑色高跟鞋发出悦耳的声音。我站在她后面，我监视着她的身影，当然，我的目光一直在盯着那只包，我深信那支微型手枪一定藏在她的黑色提包中。

她顺着一条笔直的马路行走着，她走路的姿态很迷人，我过去从来没有看见她走路的模样，因为在过去的日子里她总是将自己藏在房间里。突然她加快了脚步，她看见了一家电话亭，她走进了电话亭。夕阳涌动着一种倦意，但在她的面庞上看到的却是那种疯狂。她到底给谁打电话？我听到了她低沉地说："我在南太桥等你，我们不见不散。"

南太桥就是那座站满了恋人的桥，恋人们每到傍晚以后都散步到桥上，他们被桥上的夜色笼罩着，他们可以无所顾忌地在桥上接吻拥抱。现在，我置身在南太桥的另一端，我可以看见她，可她并不会看见我，这就是监视者的位置。我想监视她是因为在她生活中出现了那支枪，我可以毫不犹豫地说，携带枪支的女人正带着危险。

有一个男人正慢慢地靠近她，尽管隔着许多恋人的身影我仍然可以清晰地判断出那个男人是谁。他就是那张肖像，被她用图钉钉在墙壁上，用枪口对准的那个男人。这个男人离她是那么近，他突然伸出手去，他抚摸着她脖颈上的那串骨饰项链，他垂下头吻了吻那串项链。这场景改变了我的想法，这个男人根本不可能是她的敌人；那么这个男人是她的情人。虽然如此，我仍然紧紧地盯着那只包，一旦她的手伸进那只包，我想我就会大声喊叫。我想，我应该早一些去告诉警察，但往往在这样的时刻，我就会忽视某种东西而去维护一件事的私人意义。然而，我已经做好了准备，一旦她的手伸进那只包我就会大声尖叫。

我的尖叫能够产生什么样的作用呢？我想，一旦我尖叫，那个戴骨饰项链的女人的神经就会迅速地分裂。她想做杀手，但她并不是一名训练有素的杀手，她的手虽然已经伸进了那只包抓住了那支黑色的微型手枪，但她的意念已经像雾中的云团丧失了凝聚力……

我的尖叫能够产生什么样的意义呢？现在，我离他们已经越来越近了，那个男人的面庞始终像是钉在墙壁上一样醒目、英俊。他的手托着她的腰，这样的关系怎么可能产生血腥和危险？现在，我看见了那个女人的手，她将包从肩上取下来，用左手捏着包，然后将包支在桥梁上。灰色的桥柱矗立在她肩后，她似乎有些困惑便侍依着她身后的桥柱。然而,在灯光照耀下,我看见了她的右手正在抚摸着她的包。

我判断那只包上的拉链是封住的,如果她想将手伸进包里去,她必须先拉开链条。我想,这中间我已经发出尖叫了。我的尖叫一定可以像是从梦魇中发出的那样令人惊恐,它会使她的手颤抖,她会在仓皇中闭上双眼忘记她要用枪所杀死的那个人的模样。我渴望我的尖叫能够产生这样的结局,于是,正像我所设想的那样,当她的手去拉开拉链的一刹那,我孕育已久的尖叫突然冲破了我的喉咙奔涌而出……

那个戴骨饰项链的女人的那只包在我的尖叫声汹涌而出的那一瞬间突然从桥梁上坠落而下,我没有想到她的尖叫声比我的尖叫声更加有力,因为她的那只装着她的武器的包已经被涛涛河水所淹没。

她丧失了武器,她从而投进了那个男人的怀抱,就在那天晚上那个男人跟她回了家,第二天一早她又跟随那个男人走了。她走后,她的弟弟肖来收拾她的家具,并把她的东西搬了过去。我问肖,她还会不会回来租住这套公寓。肖说,她的姐姐嫁人了。

我一直想,是我的尖叫改变了那个戴骨饰项链的女人的命运。如果站在南太桥畔我没有发出一声尖叫,那么,也许她就会变成一个凶手。而相反,我的尖叫声让河水,那汹涌而上的河水载走了一个女人用来对待仇恨的武器,她从此重新找回了自己的爱人。我想,生活的魔法经常会产生让我们如释重负之感,我监视了那个戴骨饰项链的女人的一段诡秘的生活,现在我看不到她了,甚至连那支微型手枪也看不到。

带着伤疤的男人

屏风可以在宽大的房间里隔开别人的目光。所以,他已经是第三次坐在屏风中等待了。他叫高农,在二十世纪的最后一年他手指里夹着烟,烟雾从屏风中上升时我看到了他的脸,那是一张带有伤疤的脸。当所有人都坐在这座屏风酒吧与恋人约会时,他却独自一人坐在屏风中等待。一个面庞上充满伤疤的男人一定是一个有故事的男人,我就这样被这种监视的理由所圈住了。于是,当我第一次看见他时就决心陪他坐在这座玻璃屏风中,我想,我在设想他所等待的那个人会是谁。

不言而喻,我的存在对于那些监视我的人来说同样是荒谬的。我监视别人,而别人同样也在一个我看不见别人的地方监视我。

有些事情就在我们身边发生着,就像那个带着伤疤的男人走进了我旁边的玻璃屏风。此刻,他就在里面,是第三次了。我想,他等待中的那个人应该到了。他等待中的这个人毫无疑问应该是女人,因为人只有女人才可以让他有耐心地坐在一面玻璃屏风中等待,只有女人才可能让他带着伤疤而来。此刻,他脸上的伤疤似乎隐匿着一个谜结,我想,他等待中的那个人一旦来临就会解开这个谜结。

透过一条缝隙我此刻看见一个白衣女士,她似乎是从缝隙中走进来的。其实,她只是偶尔进入了我监视的空隙之中。她一出现,我就已经感受到了旁边屏风中坐着的那个男人,似乎有一团团的雾从门口飘到屏风之中。

她来到他置身的屏风之中,他对她说:"等你降临确实是一件苦差事。"这是他隔着屏风让声音穿越玻璃而出的声音,他继续说,"我知道你是惧怕我脸上的伤疤,你瞧……我约你与我见面,我跟你谈论的都是我的伤痕，对不起……"他的目光显得又清澈又忧虑，我无法把握这样的目光。但我关心的是她，作为女人的她，会不会害怕一个携带伤疤的男人。她开始一直看着这个男人，她的目光很明确，她在仔细地观看他脸上的那些伤疤。至于他身上的伤疤对她而说却是谜。她到底是他的什么人？难道他们的相逢仅仅是为了证实他身上和脸上的伤疤？

在屏风那边看到一双目光，由于缝隙很小，除了能够看到他的眼睛之外，我看不到他的脸。当然，这是一张男人的面孔，他举着一张报纸，事实上他根本没有在阅读，他是为了用报纸遮挡自己的视线。他就在屏风的另一边，他对那张屏风中的携带伤疤的男人和另一个女人的存在充满警觉，看上去他好像是侦探而不是那个男人和女人的监视人。那么，他是在盯住那个带伤疤的男人了，如果是这样，那些伤疤就变得神秘了。据那个男人告诉那个女人，他身上和脸上的伤疤是车祸留下的。车祸，我眼前会出现这样的场景：一辆轿车，整个车身向前倾过，然后是悬崖，只有那样的车祸才会使一个人留下众多的伤疤。

那个女人的嘴唇一直深闭，她几乎没有说过一句话，后来她突然抓住了那个男人的双手，她把他的右手掌放在自己的嘴唇旁，她在吻他的手吗？他的右手合拢，看上去他的手心正握住一件东西，那是一张揉皱的纸条，我看见了这样的漏洞。她离开，他则在迟疑中跟了过去。她冷漠地前行并没有回过头来与他告别，而他呢，则站在门口。我看见了他的身影，他大约有一米七八的身高，上身穿一件黑色夹克衫，这与他的伤疤很吻合。等到她走后，他才展开了那张事先就为他而准备的纸条。我当然无法看见那张纸条上的文字。但他不打算回来了，尽管他的一只包还留在屏风之中。我想，是那张纸条在召唤他而去。我抬起头来，那双侦探一样的目光也在这一刻倏然消失了。我决定到他的屏风之中去把他的包交给服务员保留，因为他一定会想起来他的包遗留在屏风之中了。正当我准备这样做时,他突然又回来了,也许他很快就已经想起来了他的包,他回到屏风之中,却并没有带上包就走,而是留了下来,不慌不忙地要了一瓶咖啡。难道那张纸条作废了,它丧失了召唤他而去的效力?我很想看见那张纸条上的文字,很想替他承担纸条上的风险,哪怕是灾难。因为那一刻,我对他的伤疤充满了好奇。我想,如果在一场整个车身倾身而过的车祸中没有丧生而又活下来,留下了无以计数的伤疤和诡秘的行踪,这样的男人会因此而吸引我,也许同时也会吸引别人,比如,那个侦探也许也并不完全是侦探,只是一个像我一样的业余监视人而已,他和我一样对监视别人的生活有一种无法言喻的快乐。

是的,监视者的我此刻来到了他屏风之中,我对他说:"能不能把你的打火机借我用一下?"我手里夹着一根烟,他从桌上将打火机递给我而不是为我点燃烟。看来,他是一个谨慎的男人，他不会轻易地去讨好女人。他甚至也不看我一眼，也许，这是一个脸上带着伤疤的男人身上的另一种自尊心。他并不想留下来，当我将手中的打火机还给他时，他突然带着他的那只黑色真皮包准备离开了。

我这个监视人被驱逐到屏风之外，在他离开时也是我离开的时候，然而我并不会让他看见我。我说过，为了实施我监视别人生活的计划，我会永远藏在别人看不见我的影子之中去。带着伤疤的男人走了出去，我知道他手里有一张揉皱了的纸条，在那纸条中有一个约人的时刻，写着一个约会的地点。

由于在这之前我也窥视到他的伤疤和一个白衣女人在屏风中短暂的约会，所以他此刻去赴约才区别了一个男人和一个女人简单的事情约会。而且我深信，在他赴约之中并没有爱情在等待着他，相反，等待他的也许是谜径和谜径之中的危险。

他的脚步声在十米之外，使我觉得不可

思议的是他要步行去约会。那个女人肯定是穿白衣的女人。显然为这种的推测所驱使,我就走在他十米之外。拐过一条街他回头看了看前后,这使他的赴约显得深不可测,因为他惧怕别人会看到他的身影。进入了一条小巷深处,他开始站在一座公寓楼下面,他的头仿佛伸进了漆黑的树叶之中。我现在才看到这是一座已经正在搬迁中的早已废弃了的公寓楼。

倏地我看到了一道白色的影子,她已经向他扑面而来,她莞尔一笑,低声说:"瞧,这是我们第一次幽会的公寓,你看到我的晾衣绳了吗?"我知道我处在黑暗之中,我已经在不知不觉之中又落入了一个俗套的故事。正当我想从黑暗之中绕过去时,我看到了那个男人身体上的伤疤,在隐隐约约的月光之中,他裸露着脊背,这似乎是一个烧伤之人,而不是一个在车祸中留下过伤疤的男人,因为他脊背上的伤疤在错落之中凸凹下去,我看见那个女人伸过了双手……

难道她有那么大的勇气想去抚摸他身上的伤疤？难道她爱他脊背上错落之中凸凹下去的伤疤，那像烧焦的仙人掌一样的伤疤？确实地，她的那双纤长的双手在黑暗中正向着他的冰冷的伤疤靠近……

突然有人在附近咳嗽，离我很近，那声咳嗽不像是无意中发出的，而是下意识中朝着那双手直逼而来的。果然，那双手突然抽回去了，那双看得见的颤抖的双手不存在了，而那裸露的脊背只闪亮了一下也就在刹那之间消失了。我回过头去寻找那位咳嗽的男人，我看见了一道影子，一道沿着金属味的街道直冲而来的影子，我想起了坐在屏风之中另一个类似侦探的男人，我想起了他也是窥视者。但我突然醒悟过来，这个男人根本不是侦探，如果他是侦探的话，他根本不会在黑暗中发出咳嗽之声。现在我明白了，他在黑暗之中咳嗽的原因。

他在黑暗中咳嗽是因为他在黑暗中看见了那个站在废墟上的女人正将手伸出去，

他想用咳嗽之声将那双手拉回来,因为他不想看见那双纤长的手伸出去抚摸到那个男人身体上的伤疤。他用咳嗽这种方式大声说:别伸出手去,别把你的手放在那个男人的身体上。

由此,他是一个与那个女人有直接关系的人,一名窥视着她的生活并如此占据她生活的男人。三个人的影子在一刹那间消失在黑暗之中,我恍惚地走出小巷,一个带着伤疤的男人和一个女人及另一个男人在我的生活中突然留下了无穷无尽的悬念。

咳嗽声使那双手在黑暗之中消失,因为那个女人知道这个咳嗽的男人是谁。那天晚上我步行回到家,我没有开灯,坐在黑暗中,我一直从窗口眺望着深不可测的夏夜。

突然有敲门声传来,已经是下半夜了,有谁会在这样的时刻敲门呢?

我赤着脚穿过客厅来到门口,我听到有人在外面轻轻地咳嗽了一声,这声音并不熟悉但在我记忆中蕴存过,蕴存这声音的地点就在附近,在那片正在拆迁之中的房屋的外面。哦,我并不惧怕发出咳嗽之声的这个男人,我只是对这个男人好奇,他为什么站在我门口敲门呢?我决定打开门,我要冒着所有的风险把这道门打开,因为我对事物和人的好奇和猜谜的方式让我对站在门外的这个人,这个会咳嗽的人产生了一种叙述的可能性,也许他会告诉我,他们三者之间的关系。

门被我打开了,真的,我并不惧怕他,我把他让进屋。我打开了灯,我在灯光下面审视着这个敲开我门的男人。他很英俊,有点像众多女人冒着生命危险去追求的那类男人。

他站在墙角告诉我:"我并不想在这样的时刻敲开你的门,不过,我已经跟踪你到了楼上,这是因为我想……你是不是那个男人的女友或老情人?""哪一个男人?""那个脸上有伤疤的男人。"我请他坐下来,因为他提出的这个问题让我感到费解,他为什么会这样想问题?他为什么把我与那个带着伤疤的男人联系在一起?我很想听一听他怎么解释这一切。他说他一直在注意我,因为我总是跟在那个带着伤疤的男人的身后,他认为我与这个男人有故事,他说:"如果你是他的女友或者情人的话就帮我一个忙,好吗?"他盯着我的眼睛,他希望从我的眼睛中看到某种东西,散落在那座拆迁废墟的味道似乎在这样的时刻飘进了我的窗户。

我对他说:"如果我是他的女友或情人,你想让我帮助你做什么事呢?"

他说:"那个女人是我的女人,但我知道生活中一直有一个男人占据她的记忆,果然这个男人出现了,你知道我看见那个带伤疤的男人出现时的痛苦和绝望吗?如果有可能我真想杀死他。现在你知道我的角色了,所以,如果你是那个男人的女友或者情人的话请你帮助我将那个男人带走。如果他仍然被我看见,我可能真的会在某一个控制不了自我的时刻杀死他……"

重要的是他弄错了,我并不是那个带伤

疤的男人的女友或情人，我甚至连他的名字都无法叫出来，我只知道他是一个带着伤疤的男人。然而，他已经消失，现在，他在哪里，我也不知道，更无法看见。

由于我的沉默他确定了，我就是那个带着伤疤的男人的女友或者情人，所以，他开始恳求我，他说他不容易爱上一个女人，他爱上那个女人真不容易，如果我不想帮助他，他也许会因为爱而犯下错误。他盯着我的眼睛说："你肯定还爱那个男人，看见那个女人与他在一起，除了嫉妒之外你肯定很难受……"

我在不知不觉中已经决定隐藏自己的身份，因为我已被他所说的话所牵制，我难以摆脱这件事，我依然沉浸在两个男人和一个女人的故事之中，我答应去帮助他，因为我知道，也许这样做就不会酿成一桩悲剧故事。

他告诉我了那个男人住的宾馆，这意味着那个男人并不生活在这座城市，他只是一个临时居住者而已。他走后，我想我已经进入了别人的故事所设置的圈套之中。

然而，就让我来进入这种圈套好了，这种陌生的圈套就像一只张开的口袋一样等待着我。为了避免一桩流血事件，散发着血腥味的悲剧，我顿时萌发了一种连我自己都无法解释清楚的勇气。第二天傍晚我站在那个带伤疤的男人下榻的宾馆。我想，如果此时此刻我看见那个带伤疤的男人从大厅里走出来，我一定默不作声地跟着他，我想，用不了多长时间，他就会发现一个跟踪他的女人，他会问我是谁。

没有一个男人会去责备一个陌生女人，因为对于大多数男人来说，陌生女人是另一道风景线，多一个陌生女人相逢还意味着那不可知的故事，那超越常规的故事，那使每一个男人都无法拒绝的十分新鲜的像粉色一样被切开的故事。

带着伤疤的男人确实出来了，他沿着大厅的玻璃旋转门闪现而出。他着一身灰色的衣服，皮鞋是黑色的，他仿佛沿着磁铁在走。我感受到了他行走的速度，他好像是去赴约，他带着无限的激情以及无限的颓废，因为在他的眼睛里我看到了明亮的激情，因为他的眼睛我也同时看到了他无限的颓废。在所有这些当中，只有他脸上的伤疤是痛苦的也是麻木的，在那些伤疤之中有我无法看到的阴影和沉睡的痛苦。

我就跟在他身后，我知道无论他去哪一个地方遨游，都意味着与那个白衣女人相逢约会。而今天晚上，那个白衣女人会被那个咳嗽的男人牵制住手脚，她将失去自由，咳嗽的男人已向我保证过，他不会，决不会让白衣女人有独自出门的机会。咳嗽的男人用什么魔法牵制住白衣女人，我当然不知道，我想，他会利用他的爱情，他会利用他对那个女人的爱来创造魔法。

带着伤疤的男人那天晚上没有奔向有玻璃屏风的酒吧，也没有奔向那块正在拆迁之中的废墟之地，他来到了郊外的一座公园，在公园门口他环顾了一下，他看见了我，也许早就已经看见我了。在他短促的与我的目光相遇的那一瞬间里，他似乎在问：你为什么总跟随我的影子前行？

他买了公园门票走进去，我也买了公园门票走进去，他进了湖区，那是一片人工湖，湖水并不纯净，湖面上漂着少许的树叶，他坐在一把湖边的椅子上，这也许就是他们约会的地点。他戴上了墨镜，那只墨镜是他突然从随身携带的包里掏出来的。

戴上墨镜等待一个女人降临，当然，他还带着他脸上和身体中的那些伤疤。阳光照着他脸上的疤痕，我离他越近，疤痕的颜色就越深，那是一种比褐色更深的颜色。我来到他对面的椅子上，他在我降临前夕已经看过了一次手腕上的手表，很显然已经到时间了，那个女人还没有来。

我就坐在他的对面，很长时间过去了，我告诉他，我也在等一个男人前来赴约，看样子那个男人也许不会来了，我显示出一种愠怒和无奈。他对我说，他也在等一个人，那个人看样子也不会来了。我们相视一笑。他回忆道,是否在别的什么地方见过我。我们聊了许久,他觉得挺有意思,他要请我去喝酒,我没有拒绝,因为我正在做一件事,用我的行动去帮助另一个男人,让一个悲剧故事不再发生。带伤疤的男人与我的事会减少一个悲剧,而与他会发生什么样的故事?

荒山上的波斯猫

旅行开始的第二天我到达了一座叫香坪的旅馆,它矗立在那座小城镇的最西边。我为什么会选择香坪旅馆,因为我拎着箱子下火车时,服务员告诉我,你如果住旅馆的话一定要到香坪旅馆去,那是这座小城镇最好的旅馆。

住进旅馆的第一件事情对于我来说无疑是敞开窗户。我站在窗口,我已经好久没有推开过这样有棱形图案花纹的木窗户了。当我抬起头来时我看到了一片荒山,在那片荒山上一个人也没有,一只鸟也看不到,但跃入我眼帘的却是一只动物,一只白色的波斯猫。那只猫懒洋洋地站在荒山上向前眺望,懒洋洋地伸着脖颈,晒着冬日的太阳。

接下来，一个女人出现在荒山上，那只波斯猫回过头看着她。它嘴里发出的声音在寂静之中掠过了荒山上一根电线杆，那是一根彻底废弃了的电线杆，但猫咪的声音似乎是从那根电线杆传到我耳中的。那个女人抱起了那只波斯猫，她穿着一条大裙子，颜色几乎把那只白色的波斯猫笼罩住，那种颜色的裙子很少有女人敢于穿在自己身上，它不是红色，也不是蓝色、紫色和咖啡色，看到那种颜色，我会想到一种瓦砾，被风雨沐浴、被岁月侵蚀过的一片瓦砾。现在我可以准确地告诉你了，那是一片瓦砾上的颜色。她是一个年轻女人，大约二十六岁，我无法看清楚她的面庞，她留给我的只是背影。她长裙上的颜色比荒山上的颜色更深一些，穿着一双黑色的高跟鞋，鞋跟很尖、很细、很高。

　　她的气质一点也不像这座小城镇的女人，她的呼吸声似乎面对着那片荒山，她把那只波斯猫抱起来紧贴在胸前。而那片荒山上什么也没有,没有一片树叶,也没有生长着草叶,唯一的就是那棵废弃了的电线杆。

服务员给我送来一壶水,她见我站在窗口看着那片荒山和那个抱着波斯猫的女人时便告诉我:"那个女人有神经病……"我趁机问道:"她是本地人吗?""不是,她是外乡人,但已经住在这座旅馆很长时间……""她一个人吗?""那只波斯猫陪伴着她……有时候,一个男人会来陪她住些日子,为她付清旅馆费……"

哦,原来是这样。我收回目光,因为我的目光一直在窥视这件事。刚才,旅馆服务员已经向我介绍了那个抱着波斯猫的女人的身份。然而,看她的穿着,她似乎沉浸在荒无烟尘之中,而且那身瓦砾似的长裙看上去很优雅,她不像是那种神经有毛病的女人,倒像是在这座旅馆和这片荒山上,抱着那只白色波斯猫篡改故事的女人。

傍晚我与那个女人擦身而过,她的嘴唇上闪烁着一层银白色的唇色,像月色一样纯正。涂这种唇色的女人内心的声音像月光下的河水沉默无声地流淌着,她用银白色的嘴唇保持她的声音,她从未让自己的声音从空中的某地方嘶嘶地呼啸而下。她的目光几乎不与任何别人的目光碰撞相遇,那只波斯猫跟在她身后,有时候会蹿上前来,与她的裙角之声融合着。她在小径上散步,那是旅馆门口的一条小径。

她如此的年轻却已经被别人宣布为神经不正常的女人,这正是我要探究她生活的原因之一。我跟随那只白色波斯猫走了很远很远,走到小径的尽头。一片波光湖影之中,她在湖边伫立了一会儿。她的颈很修长,在这之前,这个女人似乎有无限的记忆,那些记忆使她修长的颈忽儿向着左右摆动,忽儿伸向前,那只白色的波斯猫纵身跳进了她的怀抱。天就这样黑下来了,她怀抱那只猫沿着小径回家。那天晚上我听到了波斯猫的叫声,那声音缭绕着窗户,可以抓住你的心。声音持续了一个多钟头,后来,波斯猫可能睡着了,声音才停息。

白天到来的时候,这个女人带着白色波斯猫又开始出现在荒山上,这里成了她等待的地方。打扫房间的服务员又告诉我,她在荒山上等那个男人,因为站在荒山上可以看得见山下的火车站。哦,原来是这样,那么她要等待的那个人一定就是那个男人,他每隔一段时间必然出现在旅馆,他会为她交清全部旅馆费。除此之外,他一定是她等待的人。因为看得出来,她不仅仅是需要他付旅馆费那类女人,她需要他是因为她可以站在荒山上倾听或者等待。

她坐下来了,瓦砾色的长裙裹住了她的身体。那只波斯猫一直在她怀抱,她看着山下的火车站时,那只波斯猫就看着她。那天下午,我看见她的身体抽搐了一下,在短暂的无法被她控制的身体之中仿佛有什么东西开始燃烧起来,她站起来把白色波斯猫放在地下,她控制不了自我,因为她的自我已经触到了燃烧之中的磁场。我想,她一定是看到了山下的火车站，看到了她等待的一个人。

　　但她仍然没有离开那片荒山，她站起来似乎只想寻找到让她的身体所傍依的地方。荒山上什么也没有，只有那根早已废弃了的柱子。现在，她寻找到了那根柱子，将身体放上去，她依傍着那根柱子，仿佛那根废弃了的石柱就是为她而准备的。她站住喘息着，因为那个人已经来了，因为那个人将从火车站而来，她完全是一个等待情感的女人。她为什么会精神不正常？现在，让我们来观看这一幕情景：大约半小时过去之后，一个男人走上了荒山，他拎着一只小型箱子。我想，那只箱子只可能装下他的一件衬衣和几包香烟。看得出来，他只会在这座小镇旅馆作短促的停留；看得出来，他不是来旅行的，他也不是那种旅行的男人。他来是因为荒山上伫立着一个女人和一只白色的波斯猫。

　　那个女人并没有扑进他的怀抱。他平静地走上前，从柱子的阴影之中走上前去，那只波斯猫站在一边看着他。那只波斯猫似乎早就了解了这个男人，它似乎比荒山上的这个女人更能掌握这个男人的本性。他站在她面前，从微风中飘来了一种隐隐约约的声音，她说："你是来带我走的，对吧……"那个男人在摇头，她就说："我每天都想从这片荒山上往下跳……你知道我这种感觉吗？我确实每天都想往下跳……但我总是会看到那座火车站……每当看到火车站的人流我就没有了勇气……你说……你说话呀……"男人拎着箱子对她说："我这次来是为了帮助你付清楚五年的旅馆费用……也许有很多时间我不会再有机会来看你……"她听清楚了他的意思，她突然大声说："你要抛弃我了。"

　　这是我听得最完整最清楚的一句话，我因这句话而吃惊着。从她声音发出来的那一刻，他们相互之间似乎再也没有什么好说的，那个男人也没有解释，也没有说什么话来安慰她。他转过身对她说："我现在去付旅馆费,你回房间等我去好吗?"他甚至也没有看她一眼,如果他看她一眼,他就会看到她的眼睛,在那双眼睛里,仿佛有一道风景被撕破了。他走后,她抱着那只波斯猫下了山,她会回到旅馆去等他。在她走下荒山时,突然有一个身影走上了山坡,他既不是那个为她付旅馆费的男人,也不是旅馆的工作人员,而是昨天夜里住进来的一个客人。他就住在我隔壁,他倒可以称得上是一个旅行者。他大约三十来岁,他走上荒山,看看那根石柱又看看太阳西斜时的远山。他为什么走上荒山?也许他看到了那个抱波斯猫的女人,也许他像我一样看到了刚才的那一幕。

拎箱子的那个男人来到大厅,他打开那只黑色箱子时,里面装满了钞票,除了钞票之外,里面没有一包香烟和一件衬衣。看样子,他来这座小城镇的唯一目的是为了替那个女人付清几年的旅馆费用。他站在大厅里,他的面庞很忧虑,但他主意已定,他看着服务员的手指夹住那些钞票,一张一张地数,一张又一张地翻过去,他用这种方式了结着与那个女人的关系。这种关系已经没有激情,所以变成了一张张钞票的关系;这种关系已经丧失了爱,所以,只有用钞票来解决并堵塞那张网。他嘘了一口气,或者说可能正为这种关系所进入的另一种过渡阶段而庆幸。

我把那本罗伯·格里耶的小说放下,刚才我说到了这样的情景:"他也不知道为什么——也许只是觉得好玩罢了——他在这副黑镜的遮蔽下,闭上了眼睛,用手杖包铁的顶端,探着脚前的碎石路面,向前走去。从中他体验到了一种宁静的感觉。"

他已经付清楚了全部的旅馆费,服务员将一张发票交给了他,他说了声"谢谢"。这对于他来说是一个严肃的时刻,这意味着他将摆脱这座旅馆。从某种意义上来说,摆脱这座旅馆也意味着是摆脱那个怀抱波斯猫的女人。他果真做到了,他走到她的房间里去,他只待了半小时就出来了。他拎着箱子离开旅馆的那一刻，也是那个女人奔往荒山的时间。

　　她不顾一切地奔向荒山，我跟在她身后，正当我想冲上前去时，一个人比我的动作更迅速地已经敏捷如狮子一样冲上了荒山。而那只白色波斯猫也随即蹿了上去，那个女人伫立在荒山的边缘，这算不上高耸入云的悬崖，但一旦从荒山边缘坠落下去，不会死也会变成残废。那个像狮子一样冲上荒山边缘的男人突然走上前去抱住了她的腰。无论如何，她现在被一双结实有力的手臂抱住了，她无论怎样挣扎也逃脱不了那双手臂。

　　到现在，我仍然没有看出来她的不正常。她那被旅馆的服务员称之为精神病的现象在哪里？因为，自从我看见她的那一刻开始，我就从来没有看见由她身体最隐蔽的部分表现出来的症状。尽管她痴迷地往返于荒山之间，那只白色波斯猫是她唯一的伙伴。

　　而那只白色波斯猫此刻正看着那个陌生男人，他把她带进房间的那一刻，波斯猫便抽动着尾巴,这是喜悦的表示。这是一种新的假设,它的女主人不会从荒山上掉下去了,它的女主人正被一个怜香惜玉的男人带着从荒山上回来,它用摇动尾巴的方式替代它的喜悦。

有好几天时间,推开窗户时我没有看到那只波斯猫和那个女人。我注意到了两件事,我隔壁的那个旅行者很晚才回来,而那个带波斯猫的女人也很少在外露面。

这意味着那个男人很意外地进入了她的生活,也许那个旅行者救了她,而且爱上了她。在那个男人替她付清几年的旅馆费离开她以后,在她痛苦地奔向那座荒山,想往下跳时,那个旅行者出现了。

他用双手揽住了她的腰,在那时刻,我看到了她的面庞,那张苍白的面庞回过头来看着他。他是另一个男人,也许是她一生中从未有过的一个男人。她的散落的长发在她肩头滑落,一个男人离开了她,也可以说是永远抛弃了她,而另一个男人却走了进来。

后来，他终于带着她出了房间，他们到小径上去散步。他走在她身边，离她很近。旅馆的服务员们开始议论她新的故事，她们说但愿这个男人能把她带走，带出这座小城镇，因为她实在不适宜生活在这座冰冷的旅馆里面。因为她来自远方，那也许是一座大城市。她们所奇怪的是除了能让某个男人带她走之外，她一个人几乎没有独自离开的勇气。她们把这一切归咎于她的精神病，因为很长时间以来，她几乎没有任何朋友，也不跟别人来往，除了带着那只白色的波斯猫在等待之中生活。

　　他带着她到荒山上眺望夜空时已经夜深人静，我敞开中的窗户正面对着那座荒山，两人并没有十分亲热的动作，因为她的怀抱一直有那只白色波斯猫的存在。他们在荒山上伫立了许久许久，我想，在他们所交往的这几天里，他一定没法进入那个女人生活之中去，他要了解她，了解她所置身的旅馆，了解那只白色波斯猫，同时也要了解这座荒山。

这个故事始终在我敞开的窗外浮动，在我即将收拾行装准备离开的那个夜晚，我又看到了那只白色的波斯猫和那个女人，但却没有看到那个男人。因为即将离开，我的内心很不平静，我将头探过窗外想呼吸一阵扑面而来的新鲜空气。但我却看到了那个女人，她似乎穿着白色的衣裙，这使我才会看清楚她的身影，而那只白色的波斯猫则依傍在她脚边。在那荒山上的边缘之地，在那寂静的风声里，那个男人不在她身边，他也许已经离开了，那是一个旅行者。据我的判断，那样的男人决不会为一个路途中的女人而留下来，也不会带上她一块儿走。一个纯粹的旅行者注重的永远是不同的风景，永远是那不可预知的生活。

而这个带着一只白色波斯猫生活的女人显然不是他的伙伴，如果他离开，他甚至连诺言也不会留下来。而她怎么办？她没有对他投入个人感情，他的离开对她当然不会造成伤害。

哦，怀抱白色波斯猫的女人，你爱上这个男人了吗？

我决定到她身边去，虽然她已经不可能再从荒山边缘往下坠落。那个旅行者走向她的唯一好处就是将她坠落的意图中断，而她结识那个男人的意义在于她永远不会往下坠落了，即使她站在边缘。深黑色的荒山上的岩浆声也不会诱引她往下跳。

我到她身边去是因为她始终是一个谜团，即使故事很简单，她对于我来说仍然是一个谜团。我的脚步声显然已经惊动了她，她没有回头，但她的声音却从她散乱的发丝间呼啸而来，她说："任何人也别拉住我，请别走近我……"难道她仍然在倾听荒山之下的岩浆之声？难道她并没有抛弃那个想往下坠落的念头？就在这时，那只波斯猫发出了一种叫声，我可以触摸到那只波斯猫柔软的脖颈，我能够感受到那只波斯猫正竭尽全力地想抓住它的女主人的长裙。终于，她开始退后，她从荒山的又一道暗景的笼罩之下抱起了那只波斯猫，她无视我的存在，抱着那只波斯猫回去了。

第二天一早当我拎着旅行包出现在大厅时，我看见了那只波斯猫和那个女人，奇怪的是她手里增添了一只箱子。她站在门口，等着一辆通往火车站的小马车时，仍然仰起头来看着那片可以看得见的荒山。我站在服务台前结账，服务员小姐低声对我说："她要走了，天知道她要到哪里去，像她那种本性的女人只能依靠男人将她带走。"

在我之前她已经搭上了一辆小马车。就在她钻进小马车的车厢之前，她怀中的那只白色波斯猫突然从她向往新生活的目光中蹿了出来，那只波斯猫以我们意想不到的速度跃上了去荒山上的那片台阶。先是它的女主人愣住了，她从小马车车厢中把一只脚放下来，接着是另一只脚下了马车，她目视着通往荒山的台阶，像是目视着一段较长的旅程，过去中的一段的旅程。蓦然间她用一种让我们来不及思忖的速度，让我们来不及判断的那种激情，疯了似的跑了起来，她用速度追赶着那只白色波斯猫，用她从未有过的速度。

那只白色的波斯猫似乎感受到了背后有人追逐它，它的四蹄仿佛在风中穿越厚重的屏风，它甚至连头也没有回就已经从漫长的台阶穿越到了荒山之间，接着它忽视了或者说是用它勇猛的速度遗忘了那荒山边缘的危险。

它似乎想从荒山上穿越那天早晨弥漫在潮湿的荒山之间的雾霭，它就这样仰起它那白色的身体在穿越之中坠入荒山之下。当它的女主人想抓住那团白色的身体时，她的双手扑空了，她发疯似的叫出了那只白色波斯猫的名字，那个名字是那样含糊不清。她已到了边缘，往深处看下去，那是一片深谷，深谷下面是一条长满青苔的街道。她没有像那只波斯猫一样坠落下去，因为她已经寻找到了走的理由，她甚至也没有去埋葬那只白色的波斯猫。总而言之，她搭上了小马车，接下来是上了过路的火车，没有男人带她离开那座荒山。直到如今,我仍然没有感知到她身上不正常的东西。当然,她生活的空间曾经是那片荒山和那只白色波斯猫,而她现在和未来生活的空间却是火车奔驰后的远方。

后　来

一

　　有很长时间，苏修的小哥哥苏容都在漂泊之中居无定所。起先，他在旅馆中租了一间客房对付了一段时间，但这并不是长久之地。离婚以后，因为樊晓萍要孩子，所以他把房子和全部家私给了这个女人。长这么大了，生活了多长时间，他所谓的全部家私也就是那些东西。雨季过去了，终于过去了，漫长的，被暴雨、雷声，绸密的雨所编织的昼与夜过去了，他喘了口气。努力中机遇来了，他醒过来了，在旅馆里，在一阵细雨过去以后的曙色之中，他盯着天花板真的醒过来了。他去了银行，他总共跑了三趟银行，就贷了一笔款。整个二十世纪九十年代，银行在彻底地敞开。他贷了一笔款，抵押了那套房，尽管那套房已经被留给了樊晓萍，可樊晓萍并不要房产证。樊晓萍那时候，也就是与他离婚的那个阶段，已经寻找到了自己的尊严。她告诉他说，她住在这里只是暂时的，用不了多长时间她就会带着女儿搬走的。言下之意是在暗示他，她正在准备购房。那时候人们对房屋已经产生了依赖感，已经产生了幻想。而在之前，在整个逝去的二十世纪八十年代或七十、六十年代，房产是排斥个人的，那时候所有房产是公有的，个体没有时间、机遇进入对于房产的拥有权中去；那时候，人们对房屋缺乏占有欲，也就缺乏幻想。一个对房屋缺乏任何想象力的个体，必将沦入失去个人私密生活的境遇之中。那时候，住在哪里似乎都一样，人们没有金钱操纵房屋，也不会修饰房屋。现在，樊晓萍暗示他说，用不了多长时间，她会带着女儿离开这套缺乏阳光的房屋，所以，在离婚时，樊晓萍拒绝房产证，这个女人似乎已经穿越了这套离婚房的监狱，她已经看到了充满阳光的房产证。所以现在他凭着这房产证，从银行借贷出了一笔款，这是他多少年的梦想，这是他从小县城的照相馆里冉冉升起的一种梦幻生活：他已经看准了地盘，在城中央，那里的商业区正敞开让他进入幻想生活的现实，他用手里的银行贷款买了套楼房的商业区房。还剩下一些钱，他用来装饰，他要把这里制作成一座城市最梦幻的婚纱拍摄之地。原来他并不颓丧，他还是苏修的小哥哥，离了婚，悄无声息地筹备着自己的新的生活。这一切完全是他一个人操纵，他没有让别的人介入，别的人意味着会猜测他的内心，他的私人生活，他需要孤独，也许他从小就已经孤独惯了。从小县城的暗房到照相机中的光影，他从青年时代就已经潜心于那些莫测的光影。现在，他同样在追求着光影生活。就这样，他找来了装饰公司，二十世纪九十年代什么都已经敞开，只要你需要，都可以找到为你服务的机构。他跟他的表姐一样，在暗地里，在人们几乎就要把自己忘记时，重新在操纵着生活。在他的表姐建立了服装厂时，他的地久天长婚纱摄影屋已经悄然地开业。他使用尽了那些来之不易的银行贷款的魅力，他同时使用尽了自己的想象力与现代化摄影器械相结合的现实。就这样，他的摄影屋之外悬挂起了最眩目的广告牌，上面有一对婚纱照片，那个男人温情脉脉地看着同样深情无限的女人。广告词是这样的：地久天长的婚纱，伴随你浪漫而幸福的一生。

二

这是一个谜，一个在生活中遭遇到不幸婚姻的男人，一个从未体验过爱情和婚姻完美结合的男人，却给这座城市带来了最眩目的婚纱屋和广告词，这是一个人的谜底。他站在广告词下面，站在那一对幸福婚纱照片的甜蜜荡漾的气氛之下,他望着终于成形的婚纱屋,自此以后,他就是这座婚纱屋的老板了。这个时代流行"老板"这个词汇,所谓老板,也就是主题,文字作品中的主题,在这个主题中,所谓老板代表着物质生活的掌控者。当秋天逝去以后,他让婚纱屋沉寂了一个冬季,他是仁慈的,他敞开窗户,让风吹拂着那些化学剂味。那些装饰品的味道在风中荡漾尽以后,春天降临,他的婚纱屋开业了。这是一个谜底,一个从未拥有过幸福、浪漫甜蜜的婚姻生活的男人,却给这座城市奉献出了一种温馨而浪漫的婚纱屋。在市中心,那个春天的上午,色彩斑斓的广告词从空中犹如花瓣落下来,洒在那些梦幻者身体上。那些彩色纸屑的起伏中出现了苏容,他已是老板,他今天依然穿着休闲装。在开业的那一天,他并不在喧闹中闪现,而是置身于幕后,他是观赏者,他坐在二楼临窗的窗户前,看着那些纸屑落下去,落在那些年轻人身体上,那是春天的波涛声,他似乎又回到了往昔，回到了小县城。这时苏修和姚梅来了，她们在寻找他。在她们看来，他应该在一楼，那里是最为热闹的地方，而二楼是化妆屋，也是品茶休息之地；在她们看来，他应该在人群中闪现，在彩色的纸屑中有风度地出现，而他却藏在这里。她们上楼来了，也许有人告诉了她们，他在楼上。他在慌乱中划燃一根火柴，点燃了一根香烟。他为什么慌乱？也许他在她们面前消失得太长时间了。突然他看到了一个女人，一个已经在他生命中消失了太长时间的女人。他愣了片刻，她为什么在这样的气氛中出现？她为什么又回到了这个现实中？烟蒂烫着了他手指，而她们已经上楼来了。她们，一个是他妹妹，一个是他表姐。他知道，他的妹妹在写作，这种生活令他感到遥远，就像梦幻一样遥远，但他深知，这个叫苏修的妹妹天生就是要写书的，她喜欢书，并且喜欢读书，她读书都是在枕边，她买下的那些书总是放到枕边，然后到书架。而他的表姐在时间的过去和现在从来都在影响着他的生活。在他准备贷款之前，在报纸上他看到了表姐的服装厂，他悄然地去过表姐的工厂，感悟到了表姐的出现以后正在恢复自我的那种勇气。她们来到了二楼，他掐断了那支香烟，他又面对她们了，他时间中亲密的伙伴。此刻，他听到了一种尖细高跟鞋上楼的声音，他感到一种命运中的声响又抵达了他身边，那种记忆中的尖细高跟鞋的声音难道又回来了吗？她果然上楼来了，繁小桃来了。

今天，他开业了，他同时也要面对三个不同身份的女人的降临。他请她们去五星级酒店的旋转餐厅用餐。她们毫不拒绝，这座星级酒店就在旁边，他带着她们三人从电梯上到旋转的餐厅。他们坐在宽大的玻璃窗前，而这座城市就在他们身体下面梦游着。

三

因为有了繁小桃，几个人都很少说话，

只有悄无声息的旋转声在他们身体外,在他们不同遭遇的时间中毫不停顿地继续朝前旋转而去。这场宴席的收尾已经到来,苏修和姚梅在同时离开了,而繁小桃留了下来。这个女人已经在他有限的记忆中消失了,他对她的回忆也只可能停留在二十世纪七十年代末期县城照相馆。那时候她出现了,他去她的发廊理发认识了她,而她到他所在的照相馆照相再次与他相遇。后来,在短暂的时间里,她似乎就成为了他在那一时间中的女朋友。他在暗房中工作时,她经常出现,暗房中有一只凳子,她就坐在上面,看着他从显影水中拎起照片。而突然间,她消失了,消失得那样快,这种有限的记忆中依然保留着那间暗房,以及从她体温中弥漫出来的味道。但仅此而已,除此之外,他与她就再无任何记忆所及了。在她消失的时间里,他只是有过非常短暂的伤感,很快那种伤感又被另外的生活所代替了。现在,几十年过去了,她回来了,她依然穿着尖细的高跟鞋,过了这么多年时间,他知道每个人的生活已经变幻,而繁小桃也不例外。是的,她变了,她已经不可能是二十世纪七十年代末期那个坐在他的暗房中,陪伴他洗照片的女人。首先她的发型、衣着、眼底的色泽都已经变了。她始终不多说话,仿佛她的使用语言的权利已经丧失殆尽。剩下的就是猜测的目光,她的目光始终都在研究他。现在,他要回摄影屋去了,他要前去面对今天开业以后的摄影屋的现实。繁小桃微笑了片刻,然后那种微笑又消失了,取而代之的是令他无法伸入进去的一种迷惘。离开了旋转餐厅以后,繁小桃就主动地离开了。他回到了他的位置,从今以后,他无疑已经寻找到了他可以存在的位置。开业第一天,年轻的婚纱摄影者就陆续地来了。因为春天是结婚的好季节,因为春天来了,因为春天来了,所有人都热爱春天,不仅仅幼芽从阴晦已久的、冰封和寒冷的时令中回来了,还因为春风是浪漫而自由的,春风正在往人们脸上吹拂而去，凡是阴霾的脸都会被春风吹拂尽忧伤和焦虑；因为春天是喜悦的，所以结婚的人多了起来，照婚纱照片的人就多了起来。自此以后，苏容就成为了这里的老板，他早就已经从原来的照相馆辞职了。在二十世纪九十年代，不断地辞职，也是一种新人生。就这样，他迎候着春风，至于繁小桃是怎样消失的，他都不知道，他看不见繁小桃消失的路，因为门外有好几条道路交叉，每一条道路都可以通向城市的任何一个地方。简言之，从我们身体中冉冉上升的每一条道路，都可以通向悬崖和大海。悬崖是危机四伏的生命跳台，在悬崖上，你可以触摸到繁星和云端，这是最美的危险，而如果当你发现自己已经离大海越来越近的时候，那些汹涌而上的浪涛，会像野马奔涌而来，面对大海，任何生命都显得微不足道，任何悲伤都会被浪涛湮灭。

四

繁小桃离开了，却并没走多远。她已经

无法走远，因为走得越远，心里的荒凉就越发地剧烈难耐。自她出走以后，其实她并没有游离于这座城市之外，她驱车朝着每条小巷寻找着什么，其实，她什么都没有寻找，她似乎什么目的也没有。她已经变成了荒凉的一部分景物。她曾把车开到幼儿园门口，她看见了保姆接走了孩子，她又把车开到丈夫的房产公司，没有她的存在，她的丈夫依然春风拂面地活着，忙碌着。她突然看到了他的广告牌，看到制作广告牌时，苏容站在下面，指挥着脚手架上安置广告牌的工人们，一阵久远消失的味道突如而来了。繁小桃开始盯住了苏容，这是她二十世纪七十年代末期少女生活中最为纯洁的领地，不知不觉地，这领地因为一场无耻的记忆而消失。而现在，不知不觉地，这记忆就随同人生轮回的时间再现眼前：哦，当她坐在那座小县城的照相馆的暗房，那间显相屋时，他们只有电击似的手与手的相触，连吻也没有，那种美好区别了她与任何男人的关系。而现在，这美好再现：她突然滋生一种梦想，想再一次回到那间暗房中去，想回到手与手轻轻地相触时的电流之中去。她尽可能地把自己收拾得整齐、干净一些，在她认为自己的身体显露浑浊的时刻，她尽可能地让自我纯洁一些。她站在出租房的水龙头下面洗澡，她刚租了出租房，这时候的出租房已经不仅仅在城郊，也在城中央的公寓楼中出现了。她瞄准了那片地理位置，只是为了离苏容的婚纱房近一些。地理中的城市，显得像版块似的起伏着，又似大海中的岛屿突兀而又固执地伫立，守候着属于自己的门牌、巷坊。而就在这时，她抬头远望瞄住了那座年轻的公寓楼。公寓楼是年轻的，刚刚从城中央升起。许多年轻人已经充满了新意识，租住公寓楼。她已经不算年轻了，她到底属于这座城市的哪一种版块，哪一座岛屿上的人种呢？她竟然又租住了公寓楼，像那些比她更年轻的人们一样，她充满着一种幻想。在这座公寓楼对面，就是浪漫的婚纱屋，即使相隔一段距离，她依然能够看得见婚纱屋上空的广告牌，上面那对男女沐浴在浪漫而又温馨的旅途，女人披着婚纱，男人陪着女人在草地上奔跑着。噢，她总算想清楚了自己到底想干什么，从那对男女在草地上奔跑的自由和浪漫中，她突然想抓住失去了的一切，想重温过去那些时光。她奔向了露台，公寓楼上的露台自然是封闭的，因为楼层太高太高了，她住在第十六层，已经就感觉到高度了。从露台看出去，她依然能够从各个角度看到婚纱广告中那对男女在草地自由奔跑的速度。此刻，她感觉到过去的二十世纪七十年代末期又回来了，她又回到了从前，因为苏容离婚了，已经变成了单身，她有权利与这个男人重续未了之情。而就在这时，就在她时时刻刻瞄准方向，准备着身体的变异术，向婚纱屋的那个男人进攻的时候，那个男人身边却出现了一个年轻的少女。少女出现在那个男人的婚纱屋外，出现在广告牌下面时，她有一种不祥的异感，随即男人出来了。

五

苏容竟然出现在少女面前,少女跟着苏容进屋去了。这是一个春天的上午,一个无聊而充满了期待的早晨,大概是九点半钟的湿露在玻璃窗外融化着,她把头探出窗外,她这时候多么希望有一台望远镜啊,是的,她是多么希望拥有一台望远镜啊。她竟然看到了那个少女,很简单,那个少女一出现,她就充满了一种不安的情绪,她有一种预感,那个少女是为苏容而来的。少女掏出了手机,不一会儿,苏容来了。事情就这么简单,简单极了,而对于现在的繁小桃来说,在这个貌似简单的现实里,却潜藏着危机,因为她的情敌来了。不错,她拥有什么,日常生活不断地告诉她说:她的情敌来了,因为她的情敌已经来了。在上午春风刚刚吹拂着这座美丽的城市时,她探出的脑袋已经开始眩晕。不错,她的生命也开始随之眩晕起来了,因为她的情敌已经来了。

她要尽快地寻找到望远镜,她下了楼驱着车,她无事可做,她有更多的时间前去寻找她的望远镜。她找啊找,终于找到了望远镜,终于在柜台上,在旅游柜台上出现了望远镜,她心满意足地带着望远镜重又回到了公寓楼。这时候她已经像一个间谍,她站在封锁的玻璃露台上,仿佛就是一个间谍。她带着她全部私有的目的,想弄清楚或者看清楚苏容现在是一个什么样的男人,她能不能回到从前,回到那间暗房中去。她调整了姿态,开始使用望远镜,可她一次又一次看到的仍然是那幅广告牌,当她看得越来越清晰时,也正是苏容离她的视线越来越远的时刻。她下了楼,电梯是那么快,这已经不是二十世纪七十年代了,什么东西都是那样快,那样快地让她来到地面,回到现实中去。她又一次开始出现在婚纱屋外,她游移着,应该怎样走进去,到底应该怎样走进去时,她看见了那个少女,哦,那个少女又来了。少女打出租车来,下了车,她仿佛很快忽视了自己的目的,世界又一次开始浑浊起来:在她看来,因为她的情敌已经来了,因为她的情敌已经来了,因此她的情敌已经来了,她仿佛成为了局外人。她失去了勇气,因为她的情敌是那么年轻而灿烂,这正是她所失去的昔日的影子啊!她的情敌已经来临,使她失去了力量,她的情敌进了婚纱屋,她的情敌是那么年轻,年轻得足可以击败她脚下的力量。而每当一个人的脚下失去力量时,就无法去面对前方的任何一种风景,也无力去改变现实生活中任何一种现实的命运。这时候,苏容竟然来了,他驱着车,他的车很朴素,比起她丈夫的轿车来,苏容的车太朴素了,一辆整装过的旧式越野车。就在这时,那少女出来了,苏容没下车,少女打开门,上了越野车,转眼间,车就从她眼前消失了。她的情敌来了,击碎了她的梦境,苏容带上少女去哪里呢?这是一个谜底,无人可以帮助她解开,在她看来,那个少女太年轻太年轻了,而苏容看上去又太沧桑了,她弄不明白,苏容为什么会喜欢上这样的少女?她给自己出了一个难题,她决心解开这个难题,因为她无法忍受这样的现实。她决心前去面对苏容,她拨通他的手机,铃声破绽而出:一个遥远的声音带到她面前。

六

她想跟他捉迷藏,她压低声音问他,能不能听出她是谁。他平静的声音穿越小小手机的内部,他说不知道,他的声音听上去十分地麻木。她感到无趣,因为对方很快就把电话挂断了。她又再一次拨通了他的电话,但仅仅响了两声,她就感觉到没意思,自己把电话挂断了。在她看来,望远镜已毫无意义,每天的每天,她透过望远镜,看得最为清楚的就是那幅广告上的婚纱照片,而那种幸福,飘曳自由的状景与她的心境和现实是那么格格不入。她决定前去婚纱屋面对苏容,那是一个下午,她有意选择下午,是为了与苏容共进晚餐,或者共同融入一个暮色之中去。在她隐隐约约的记忆中,在县城的照相馆,苏容加班时,经常在暗房,苏容似乎更喜欢在暮色以上的时间中加班。她那时候寻找到他是那么容易啊,只要推开门,他就在里面,门永远不上锁,似乎是为她而开的,然后她进去了。那是二十世纪七十年代末期的黄昏,她进去了,随即开始了电流似的指尖碰撞。很快,铁轨出现在面前,噢,铁轨出现在她面前,记忆中的铁轨来了,突然间使她决定暂不去见苏容,因为那个目击证人又一次出现,她就是苏修,她就是苏容的妹妹苏修。在书房里,她意外地看见了苏修写的书,她买回了那本书,用整个夜晚读完了那本书。她读苏修写的书,只是为了一个目的:苏修到底有没有在书中出卖过她。现在,她的视线开始从婚纱房移开,她要去会见苏修,从某种意义上说,她要去会见一段悲惨而伤心的遭遇。苏修听到她声音时,似乎是刚刚移开了写作中的笔触，她感觉到苏修显得有些迟疑的声音，然而，苏修很快就答应了与她见面，并且确定了时间、地点。她开始等待那一刻，她化了妆，当她站在镜前时，她不知道应该用一种什么样的装束前去面对苏修。当两辆不同款式、色泽的轿车共同趋向一个地点时，她们无疑已经脱离开了二十世纪被烟雨所覆盖的县城铁轨。

噢，我们共同的铁轨，而我们此时此刻已经脱轨，已经在另一种生命的轨道中踉跄前行，其速度可以称之为快或慢，而渐次逼至胸前的那些葱绿色的、暗褐色的、诡异、恐怖、荒谬的时间才是维系我们这一生一世最亲密的伙伴。此刻我们在各种速度中前行，此姿态是在呼唤生命中一个重大的秘密，那个秘密既是美梦也是恶梦，既是苦难也是真相。现在，一个极为清晰而又朦胧的理念再一次涌现：我们活着，我们为一种未知的故事而继续活下去，这就是我们的故事。

她们在一个不确切的地点下了车，她们

身边已经没有过去的铁轨,然而,两个人都很清楚,她们是为了那条铁轨再一次相遇。就这样她们进了一间包厢,这是一个属于两个人的小房间,她们要了茶,让侍者们纷纷退下。这一时刻,世界确实就是一条铁轨,她们为那条铁轨而再次相会在这间密室的时刻已到。首先必须由繁小桃开口,她开始试探着苏修,她不使用言辞,尽管她已经失语很长时间了。

七

繁小桃每一次面对苏修,只是为了一个目的:让苏修陪她重新回到二十世纪七十年代末期的那片被荒草所荡漾的铁轨上去。当繁小桃对苏修说"你不会在你的书中出卖我"时,仿佛又回到了那座小县城。那时候,她用了短暂的时间追赶到苏修的脚步,只是为了恳求苏修不要出卖她经历的耻辱,于是,她就消失了。在环绕了许多时间的阴郁以后，她仍然再一次面对着苏修。此刻，她们都已经不再年轻，她所面对的已经不再是那座县城的女中学生了，坐在她对面的苏修目光坚定。她再一次问苏修："你会不会在你的书中出卖我？"苏修举起了酒杯说："那条铁轨已经不再是我们两个人的铁轨，几十年过去了，那条铁轨已经变成了很多人的铁轨。"她感到迷雾升起，苏修似乎在回避那个重要的话题。而她总是这样，每一次面对苏修时总想进入她的生活，她想进入苏修的生活，只是为了研究苏修是否会出卖她。几十年过去了，苏修似乎已经保持了她做中学生时的谎言，并没有在现实生活中出卖过她的耻辱。繁小桃现在害怕的是书，写书的秘密。她自己并不是一个特别喜欢读书的女人，然而，她看到了书，看到了书店中无以计数的买书之人翻书的人以后，那种内心的恐惧开始上升。她的目击证人是一个写书的人，她的目击证人会不会在她写作的书中揭露繁小桃的耻辱呢？苏修似乎是在研究她，她有些害怕苏修的目光,她再一次意识到她所面对的这个目击证人已经不可能是那个女中学生。那么苏修到底是谁?她们相互研究着……这是性别,她们统称为同一性别。

人类划分性别首先源于身体。我们的身体,这些用各种器官所组织的迷宫,其实是世界最丰富的仓库和地窖,它散发出魔宫般的深或浅的罪恶和梦幻,同时也负载着人类赋予我们的一切轻重。我们的身体,是一种妄想和迷幻所编织的迷宫,只有在面对我们的性别和身体时,亲爱的,世界的神秘花园绽开,滚滚的钢铁才会熔炼出一只明亮的磁盘。你会看到清晰、剔透的磁面上呈现出我们的面孔。我们的所谓面孔,充满了性别的迥异,那些柔丝般的线条是女人身边飞过的一只只秘密飞鸟经历的迹象;而那些粗犷的线条显现出男人们迷失的历史。在她们的性别里,她们面对着一条铁轨,她们是同一种性别,因而她们的身体中充满了同样的迷宫。在分手的时刻,繁小桃并没有达到自己的目的，苏修并没有面对她而承诺任何东西，那个几十年以前的女中学生，现在已经变成了另外一个女人：她沉溺在现实的目光正在跨越着被繁小桃所负载的那场阴谋和耻辱，尽管繁小桃的目光想确实地获得一种声音，苏修也不吭声，也不承诺。

八

现在，樊晓萍在干什么呢？这个女人在干什么呢？性别是人类痛苦的根源。既然如此，谁也不想在这个没有头绪的哲学范畴去钻死胡同了，谁都无法改变这个现实，因为这个根源太久远，根须太繁茂，已经伸入到神仙也无法解决的问题之中去。所以，樊晓萍正在鲜活地面对着性别。在她经历了赴死的黄泉路后，她又回来了。今天，她带着女儿终于可以撤离前夫留给她的房产中心了。这套房屋完成了她毫无幸福婚姻的历史，现在，她拥有了崭新的房产证书。她花很少的时间装饰房子，她带着女儿奔赴新房产时，没有忘记将钥匙交到前夫那里去。她的前夫在哪里呢？她当然知道她的前夫在哪里，她不读书，但每天读晚报，这座城市的晚报是培植她世俗精神的摇篮。她在晚报中发现了类似自己同类的共同命运，她从晚报上所接受的最重要的启迪就是像杂物一样繁衍生活的种种希望，因为每天下午摊开在她手中的一份当日的晚报就是一个堆满杂物的世界。

就这样，突然间她在摊开的晚报中发现了她前夫的世界。她愣了片刻，她前夫并没有因为离婚而灭寂消息，反之，她前夫的消息是那样鲜亮，犹如她那天下午坐在她的小餐馆看到的斑马线上一团闪耀的光亮。她前夫拥有了自己的婚纱屋，这似乎是必然的，只是这种消息太快地覆盖了她的视线。登有婚纱照片的广告占了晚报的版面，那样的醒目，那样沸腾的广告词，犹如沸腾中的开水。她留下了那份晚报，她眼下的心态已经被水洗过了，洗得如此的干净。现在，她带着钥匙来到了她前夫的婚纱店,那些年轻的店员告诉她说,苏容在楼上,于是,她就上楼去了。她前夫正坐在落地玻璃窗前,摊开一份报纸,那种悠扬的、平缓的、没有波涛起伏的神态让她似乎已找不到与她前夫相似的东西,这是另外一个男人的神态,这是一个从沼泽中走出来的男人吗?在从前,她前夫的神态仿佛破絮,那样的晦暗,那样的荒凉,仿佛看不到平静的坦然,仿佛在松开的一切生活中呼吸着最雅致的生活。她终于来到了前夫面前,前夫看见了她,她把钥匙放在了前夫面前的那只圆桌上,低声说:"我们已经搬走了。"然后她就转身离开了,她不想解释自己的生活,她此刻的身体布满了阳光,女儿还在外面的出租车里停候着她,所有的家具仍然留在原处,她只是带着女儿离开了,带走的还有她和女儿的衣物,所有的家具都留下来了,那些失败婚姻的财产。现在,她带着女儿奔往新的房产,当她打开这套三居室的新屋时,油漆味还很浓烈,为此她推开窗户对女儿说:"让风吹吹就会没味的,让风多吹吹,油漆味就会消失的。"而她的女儿,即使婚姻失败她也要努力得到手的这朵花骨朵儿,转眼之间已经十来岁了,转眼之间已经长到她的个头了。

九

转眼间,她的花骨朵儿,婚姻的结晶,血的再版已经十几岁了。这个事实使她作为一个女人既感到欣慰,同时也感觉到生命消逝得太快了。当她撤离那座婚姻的房产时,她感受到光线是那么暗,那套几十年的旧沙发的弹簧已经失效,噢,厨房中竟然流窜着几只蟑螂,它们自由地流窜着,因为厨房已经不冒油烟味了,因为墙壁已经裂开过缝隙了,那些讨厌的蟑螂就这样开始在缝隙中自由地繁殖着生命。她嗅到了沉寂很久的婚姻失败以后的气味仿佛一床旧棉絮散发出霉菌,那些发黄的迹象沿着丝丝缕缕的棉线向外张扬出去，似乎想掏空那些已经没有灵魂的生活方式。不错，她做到了，她不懂任何哲学，她只是从每月的晚报中获得俗世的技巧。而今天，她做到了，她要迁居了，要彻底地划清与婚姻生活的界限了。所以，当她的花骨朵儿和她站在新屋时，风吹拂着新窗帘，女儿很开心地笑着，寻找到自己的房间。女儿已经上初中了，已经是一名中学生了，而她呢？她仍然开着那家小餐馆，仍然做小本生意。然而，这生意已经不错了，已经让她获得了一套房产。除此之外呢？她与那个做皮鞋的浙江男人的关系也同样朝前发展着，他向她求过婚，每次求婚她都说等迁了新屋再说吧！现在，已经迁了新房，他又开始求婚了，他说已经等了好几年，只要领到结婚证书就可以住在一起了。现在，她又犹豫了，她在犹豫什么呢？她突然寻找到了最新的理由，对那个皮鞋商人说："再等一等吧！等到女儿考上高中再说吧！因为初中三年很重要，到女儿上高中时她就进入十七八岁了。那时候她就可以理解我们了。"皮鞋商人和她坐在小餐馆用餐时,她突然发现这个推迟的理由让她眼睛发亮,她又寻找到理由,这个理由似乎很充分,皮鞋商人无奈地摇摇头又点点头,然后驱车到火车站的物流中心提货去了。

首先,樊晓萍终于嘘了一口气。她望着餐桌上的狼藉,每天,她都要面对这些客人们留下的一片片狼藉,每天她都会失去正常人的胃口,油烟味呛得她失去了好胃口。所以,自从离婚以后,她就不下厨房了,她让女儿放学以后就到小餐馆用餐,这里成为她最大的厨房。她嘘了一口气,她正在寻找各种理由不与皮鞋商人进入婚姻生活中去,只要不与皮鞋商人有婚姻的契约书,她觉得任何事都可以满足皮鞋商人的要求。比如每星期一次的性生活,这种生活发生在男人的房间。男人似乎不喜欢购房,他一直在郊区住出租房,住那种有庭院的郊区农民的出租房。她同男人到达郊区,通常是中午,他们在郊区的出租房中松弛地过完性生活,然后又回到城中央。每一次过性生活,她都希望能够尽快地结束,能够尽快地让她的裸体重新回到衣服中去。她每次躺在男人身体下,都会涌起一阵又一阵十分浑浊不清的情绪。然而,她是多么无奈,她无法走近奔赴那种世界上最清澈的水源基地,她无法让自己的身体和思绪像透明的水一样飘曳过通体。她在下坠的身体中告诉自己说:从一开始,自己的身体就是浑浊不清的,是浑浊不清的源头摧残了她的纯洁。

十

她只有独自一个人保存着这种秘密,自从她进了发廊以后,身体就失去了纯洁。在一个午夜,她在发廊因为金钱关系献出了自己的肉体,而就在那时刻,苏容酩酊大醉地被她搀扶到了发廊中最里面的房间。事实上,她早就已经喜欢上了苏容了,在繁小桃成为苏容的女朋友时，她就已经暗恋上苏容。那时候的苏容经常骑着一辆自行车，后座上就带着繁小桃，她坐在门口看着这种幸福的场景。然而，奇怪的是这种幸福的场景倏然从云团移走了，移走了那种被幸福所笼罩的原因之一是繁小桃把发廊交给了她，然后就消失了。那个时代，人似乎不需要任何理由就可以消失，尤其是繁小桃，她似乎是属于她自己的生活。她一消失，樊晓萍就看见了自行车后座的位置。那个时代，男人的自行车后座上坐着女人，是一种谈情说爱的表现。樊晓萍从未谈过恋爱，却早就已经暗恋上了苏容。当繁小桃消失以后她的内心暗暗地喜悦起来了，而就在这时，苏容走在街上踉跄着，她发现了他，走上前去搀扶住他。她搀扶着他到发廊，这个世界彻底地改变了，她与苏容的关系，同时也让她体内的那些阴谋完全地施展了欲望的魔法：她以一个并不熟练的、拥有过一次性经验的女孩儿的手，主动地解开了苏容的衣服。她以一个怀着暗恋者抱负的身体在那一夜情中引诱着苏容。就这样,在事后,她获得了权利和记忆,这权利让她越来越想拥有苏容,在短暂的时空中,她拒绝了用身体为任何进入发廊的男人服务,她的记忆似乎只有那个夜晚。而且,她很快发现自己已经怀孕了,这个事实让她迷惘也让她欢喜,她试着去照相馆寻找苏容,谁知道呢?苏容对她是那么冷漠,似乎不曾与她发生过任何一夜之情。就这样她发怒了,她孕育了更性别化的阴谋:在苏容家里举办宴席时,闯入那个暮色战栗的时刻。她把自己武装得很全面,首先,这需要勇气,因为当着那么多人,宣布她已经怀上了苏容的孩子,这是一个阴谋,也是一种勇气。在暗地,她不停地计算着时间,实际上她是模糊的,她也不知道这个孩子到底是前一个男人的,还是苏容的,因为在两次不同的性生活中,时间离得那么近。简言之:这个已经存于她子宫的胚胎,这个不顾一切正在成长的孩子,也可能是第一次性留下的胚胎，也可能是与苏容之情时所留下的胚胎。不管怎样，她也已不顾一切了，她已经把自己完全彻底地撕开了，这就是她直到如今依然保存的秘密。所以，离婚时，她执意要带走那个孩子。而在苏容那边，他似乎顺其自然，苏容对这个孩子似乎从一开始就是拒绝的，排斥的，直到孩子出世以后，苏容才改变了一些态度。尽管如此，苏容并没有对这个孩子投入父亲似的热情，苏容的全部生活除了生活在照相馆内，就是生活在幽暗和沉默之中，看不出多少苏容对这个孩子的爱，也看不出多少他对这个孩子的冷漠。直到现在，当樊晓萍一个人静静地面对这种往事，她也在猜测着，不断地回到从前，回到那些浑浊的少女生活中，追忆着这个孩子的血脉，追忆着最为真实的痕迹。尽管如此，她仍然不知道这个孩子到底是哪个男人留在她子宫中的。

十一

　　这种追忆越来越变得荒谬起来时，她

很想带着孩子到医院做一次血常规的验证，然而她又是多么虚弱不断。她宁愿这种推测越来越混沌，也不愿意前去面对最为真实的时刻。因为两种结论都会令她不断地回到从前，回到那些缺乏灵魂的、浑浊不堪的水底去。两种结论都是那么痛苦，记载着她肉体生活的沉浮史记。所以，她宁愿让这个混沌不堪的、没有结论的孩子的真实身份，让孩子的溯源地丧失。她宁愿保持现在的这个秘密，不论这个孩子是哪一个男人的，都已经不重要了，因为孩子并不知道她真实的父亲会是谁。在孩子那里，她唯一的父亲就是苏容，所以，她不想揭开这个罪恶的谜底，就让这个谜底烂在自己也无法揭穿的时间中去吧！现在，她的心境已经打开了，除了把那个未知的谜底埋葬在已逝的时光中，她的心境已经无仇恨所生长了。她终于开始面对着自己的生活，所有每天摊开在她膝头上的每日晚报却申诉着一种世俗经验：生活着是美好的，所有的生活都在揭示一段噩梦，一段深邃的黑暗过去以后的光明；所有的生活都像菜市场上的奔走的人群需要盐水、辛辣品、调味剂；所有的生活都在反复无常地引领你进入最为现实的境遇之中去，它们类似一只酱油瓶，那些看似浑浊的色泽，却不停地在瓶内晃动，你的调味剂中不可以缺少酱油。你的日常生活中，不可以缺少医院，不可以缺少钱币。于是，她的开始敞亮的心已经宽容了苏容，事实上已经宽容了自己的过去。她开始注重女儿的成长，注重房产的希望，也在滋生着新的希望：在不久的将来，要让自己的小餐馆变得更宽敞一些，更宽敞一些。这就是眼下的樊晓萍，看到她的现在，你很难想象她早期的发廊生活，你也很难进入她与苏容的婚姻生活中，那个一次又一次用死亡威胁苏容的女人，那个女人为什么消失了。噢，每当这一刻，作者的我都想再次感恩时间。噢，亲爱的时间，无所不在的时间，只有你充满植物般的葱绿的根茎，会植入我们的身体；只有你会将我们显露在旷野以上的荒凉看见,并引领我们看见那些马铃薯,那些荞麦和大燕起飞的洼谷;只有你会让我们从浑浊的泥水中抽身而出,面临着一次暴雨的从头至尾的洗濯;只有你会申诉我们的委屈,欢欣和绝望以后的等待。噢,最最亲爱的时间,面对你,我们或许坚定,或许动摇,这都是我们所仰仗的同一个源头,期待我们的肉身能够融入时间的河流之中去,我们愿意伴着泥沙、青苔和水底植物的狂喜,进入又一次对未知生活的游戏之中去。噢,亲爱的时间,魔法的引领者和蜕变的每一种汹涌起伏的身体中,现在,我的白日梦中交织着呼啸而过的一辆列车,或像模拟雁群而飞翔的人的身体力行;现在,我们所遭遇的严寒和秋瑟中充满了你施展的阵阵烟雾。噢,时间,在午后逐渐沉淀,一点一点更加幽暗的时间,你已经深深地植入我内心,直到我看见了回忆与哀愁中再次让我前去赴约的一个春天。

十二

春天是属于苏蝶的，她的故事只是与那辆摩托车碰撞了片刻，然后，新的故事就开始了，因为她大学毕业了。在大学期间，她就已经摆脱了摩托车。在大学期间，她很快就意识到在她与骑摩托车的男人之间存在着巨大的沟壑，无法逾越的沟壑，所以很快，她就彻底地拒绝了摩托车。令人欣慰的是那个男人对她的拒绝并没有采取伤害的态度，那个男人很快就结婚了，她收到了结婚请柬时，很高兴，觉得一定要去参加婚宴。她去了，骑摩托车的男人穿一身西装，女人披着婚纱站在四星级饭店门口。这时候她才意识到，没有她，开摩托车的男人也是幸福的，少了她，世界照常进行着婚礼进行曲。这是她头一次听见婚礼进行曲。开摩托车的男人对他新婚的妻子很恩爱也很体贴。她后来才知道，开摩托车的男人早已不开摩托车了，这座星级饭店就是他的，她是坐在宴席中听到人们谈论结婚的男人和女人才意识到这种变化。她过去认识的男人在不停地与参加婚宴的人干杯,她听见看见空中频频举起的那一只只高脚酒杯在碰撞,其实她什么都看不到,也听不到。不知不觉地,她似乎喝多了,她也不知道自己为什么要喝那么多酒,她的胃里承受了那么多的红色葡萄酒。她的胃是未经训练过的,她的胃是根本就没有缝隙让红色的酒流进去的,然而,她却喝多了,实实在在地喝多了。她想离开,剩下唯一的理性告诉她说,要尽快离开,要尽快离开。她扶着餐桌渐渐地将影子外移出去,她可以忘记参加婚宴的任何一个人,在这里,她是他们的陌生人,而他们也是她的陌生人,就是这样,这是一个全面陌生的世界。她要离开了,她从来没这么醉过,从来没喝过这么多酒,现在她要离开了,顺着墙壁,而喝酒的高潮声仍在起伏着。现在她明白了,婚宴也是一种证明,证明一对恋人结婚了。而且婚宴给参加婚宴的人们同时也带来一种庆祝活动，他们庆祝着一对新人的婚礼进行曲时，同时也在庆祝着自己的存在，他们为活着和心碎而举杯。苏蝶已经来到电梯口，突然一个人过来拉住了她的手臂，她的力量微弱极了，她凭着几分理智辨认出了搀扶住她手臂的正是开摩托车的男人，也可以说是她的昔日恋人。他说我驱车送你走吧！我送你走吧！她不吭声，不拒绝也不接受。她的身体是什么样的状态，只有在这个时候她才感觉到，酒精真好，红颜色的酒精真好，可以全面地摧残她的意志，可以摧残她的身体和幻觉，可以让她假死。一个新郎，就这样离开了婚礼中的宴席，搀扶着从前的恋人来到了停车场，打开了车门，他驱车把她送到哪里去呢？他知道她大学毕业以后到了郊区工厂宣传科工作，其余的他都不知道，他不知道她住在哪里。此刻，他叫唤着她的名字，她似乎不想搭理她，酒精确实会让人不知不觉地沉入假死的状态吗？他只好重新把她带回他经营的饭店，让服务员开了一间房,他把她送进房间,送到床上,让她躺下,然后才离开。那天半夜以后,苏蝶醒来了,她睁开眼睛以后才意识到自己睡在了饭店,睡在了一个十分陌生的客房中。后来她终于想起来了,她喝多了,然后隐隐约约地好像看见了他的脸,似乎是他把自己带到了这里。

十三

她已经醒来了,她下了床,终于可以驾驭自己的身体意识了,她的意识正在往房间外飘忽着,她要离开了。她拉开门,然后重新将门合拢,就是如此简单,她要因此而离开了,她游荡在夜色中,挡住了一辆出租车回到了自己在郊区的小屋。她分配到厂里时,已经没有分配房了,所以她在离厂很近的地方租了一间小屋。她回到小屋继续睡觉,她似乎踏实多了,酒精已开始慢慢地从她味蕾中脱离而去,明天她还要上班,明天是星期一。酒精只让她假死了几个钟头,然后又让她活过来了。星期一早晨,她步行过一条马路就到了工厂。这是一家味精厂,她也不知道为什么要到味精厂工作,也许是为了尽快地找到工作,从而安慰远在县城的父母,她已经工作了,已经无须再给她每月汇出生活费用了。那时候,她似乎没有多少挑剔职业的习性。就在她刚想进厂门口时,一个女人从轿车里探出头来叫唤着她的名字,她回过头去,女人拉开了车门,走了出来,就这样,她的生命中开始了一场挑衅。女人说:"你就是苏蝶,不错,你年轻漂亮,刚刚大学毕业,这就是你的资本,可你知道吗?我有一座大饭店,四星级的饭店,昨天晚上我看见了,我新婚的丈夫搀扶住了你的身体。你为什么喝那么多酒,那会害死人的呀!我看见了我丈夫抛弃了那么多人,那么多参加婚宴的人都在等着他,他却为你去开房间。因为昨天晚上是我的新婚之夜,所以我忍住了……现在,让我来告诉你吧!让我告诉你吧！请你离我丈夫远一些，否则，我会动怒的，别让我生气，也别让我看见什么。"在这个女人说话时，苏蝶一直保持着沉默，女人来得确实太突然了一些。然而，正是这个女人的来临使苏蝶在星期一的早晨感受到了一种耻辱，一种最为真实的耻辱压迫着她，使她欲哭无泪。女人走了，上了轿车，摇下了车窗。在这一顷刻间，苏蝶感觉到这座郊区味精厂的门牌斑驳不清，她突然作出了一个决定：从今天开始，从味精厂辞职。她回到了厂办公室，用不到五分钟的时间就写了辞职报告，交到了厂长办公室，然后头也不回地离开了味精厂。

就这样，苏蝶在她辞职以后的半个月内，随同朋友到酒吧喝酒，认识了一个法国男人。她的大学女友有意把她介绍给这个法国男人做女友，因为她的大学女友之前已经交了一个意大利男友，不知道为什么，她的大学女友对中国男人非常排斥，无任何兴趣。之前，苏蝶的大学女友就对她说过：

"中国男人太自私,又脏又小气,他们根本就不会爱女人。"所以,她宣布,她不会嫁给任何一个中国男人做老婆。这种影响开始入侵苏蝶的时候,恰好是苏蝶从郊区味精厂辞职的时刻,也恰好是她遭遇到了前男友新婚的妻子耻辱的时刻。这时候,她大学时期的女友不断地带领她到酒吧与那个已经不算年轻的法国男人不断地见面。就这样,苏蝶在酒吧中不断地与这种气氛这种命运相遇,法国男人不算年轻的手牵住了她的手,这时候她的女友开始击掌,为她举杯庆贺,祝贺她摆脱自私的中国男人的束缚,终于与浪漫的来自法兰西的男人牵上了手。

十四

如果时间施与了万物以魔法的话,我们应该颂扬我们的手,这双随同万物枝蔓一起成长、过渡的手,这双自始至终地伴随着我们的身体赴约、前行触摸到事物的阴霾和灿烂的手。有多少次,只有当我们的双手作为探险者在前面触摸到浑浊和清澈时,我们的心灵才会荡漾于属于自我的泉水;有多少次,凭借着我们双手的触摸,我们触到了人世间漂于身体中的雷霆和风暴;又有多少次,我们的双手帮助我们寻找到了最亲爱的人的肢体语言。触摸的手在光阴中穿越着,所有书中的人物都是书中变幻莫测的符号学,它们贯穿一条溪水,奔向大海。有很多次,当我们激情满怀地前去与大海见面时,只是为了沉沦于波涛汹涌的伟大而永恒的潮汐之中去。现在,我爱着你,亲爱的人,不知你在哪里停留,当我眉宇之间的泪水变得越来越晶莹时,苦难正缓缓地穿越过我的身体。过去了多少时间,我到底能够给予你我的什么?作为身体,它已经千孔百疮,它已经无法像我的二十岁身体一样,呈现出一只青苹果的气息和形态。现在当姚梅在空中飞越的时间越来越长时,她感觉到身体在穿越云涛时,重新想回到某个时刻去。因而她从前的恋人回到了她身边时,她想重新与恋人叙旧。因而她想起了火车,而当她试图想与恋人重新乘火车回到那座县城去时,恋人低声说:"你能忍受火车上的气味吗?那些由每个不同身份的人所携带的气味吗?你能忍受那些下车又上车的人带来给你的气味吗?"她嘘了口气,这时候,这个叫方里君的男人正在干什么?他为什么每每当她谈到火车,就会发出一大股属于他的气味呢?空中仿佛炸开了某种果核的味道,那是她和方里君在二十世纪七十年代末期乘火车时,她在火车上看见一个女孩儿剥开一只果核时的味道。那是一个乡间少女,乘火车时带着一筐水果,也许是去看亲戚,那些水果已经完全熟透了,真正的熟透了。那时候的方里君第一个发现了那筐水果,就把她的视线引向了那筐水果。接下来仿佛梦境一般的现实绽开了:那个少女大约是口渴了,随手从水果筐中取出一只水果,剥开了,由此果核显露,很长的车厢中洋溢着剥开水果时的一大股酸甜味，刺鼻的甜酸味扑面而来……现在，为什么方里君无法想到那只果核剥开时的甜酸味，取而代之的是装满他有限记忆的火车厢中难以忍受的味道……由此，她不勉强他，这时候他关心的是房产，从国外回来以后，他关心的就是房产。他买下了一幢又一幢房产，他对她说："世界越来越窄了，你知道这是为什么吗？因为土地越来越少了。所以，只有购置房产是最科学的，最为安全的。"他似乎对她的服装从没有兴趣，就像对火车上的那筐逝去的水果的甜酸味失去了美好的记忆一样。

每当她与他见面时，他总会带她去看他正准备购买的房产。在他的世界里，房产犹如土地，他总是想占有那些一寸又一寸越来越珍贵的土地。除此之外，他似乎对别的东西不感兴趣。当然，他也会对性产生激情，每当暮色袭来时，他会拥住她说："想你了，我已经很长时间没碰女人了。"她听到这种话以后，并没有产生性的欲望，也许，任何女人听了这种话都会感到沮丧。她起初试着让她的性生活回到从前，回到那座小县城，就是在县城旅馆，他们有了性的接触。

十五

那是跨越时间的二十世纪七十年代末期的性生活。那时候，因为青春，因为爱情，她记得，她和他的身体仿佛两盆火炉，在熊熊燃烧着。然而，现在呢？她躺在他身体下面，她不断地想回到过去，回到那座红旗旅馆。那时候所有的旅馆都拥有同样的名字，如果你乘火车走遍全国大小城镇，所有的旅馆都拥有这样的代称，比如红旗旅馆、向阳旅馆、人民旅馆、朝阳旅馆等等。一个庞大的国家被这些名称所覆盖着，显示不出任何地域的迥异。现在，因为回忆，她又躺在了他身体下，因为她生命中最为美好的记忆和性来自二十世纪七十年代的县城，所以，有很多次，她和他发生性，只是为了回忆。她闭上双眼，他在上面，她感受不到现在的这个男人，她闭上眼睛是为了回到从前，那时候的方里君，充满了杉树似的年轻，充满了冰雪似的纯洁，那时候，他们的身体完全地将灵或肉融为一体。那时候，爱情是多么灿烂的主题进行曲，仿佛没有荆棘，也没有伤痕。然而，她还是要睁开双眼，她看见了这个从二十世纪七十年代穿越到九十年代的时刻，看到了同样的一个男人两种不同的精神面貌：他的头发光亮，那是每天抹营养发油的光亮；他的双眼疲惫，那是被房产的渴望和占有欲耗尽力量以后的累，他的身体虽然依然保持着体形，然而，力量显然已不如从前。

　　从前是什么呢？她从他身体下爬起来，她想奔向浴室，每一次都是这样，每次性都让她懊悔，她没有得到一点点性的美好的感受，相反，她得到的只有疲惫。她每次都在浴室中想哭，因为想重新回到过去的希望一次又一次地破灭。每当她从浴房出来时，她都会用最快的速度穿好衣服，这时候的他在干什么呢？他吸着一支香烟，懒洋洋地坐在露台上。他有宽大的房产，似乎也不忙于结婚。对于她和他的关系，他从不涉及到婚姻。每当谈到别人的婚姻，他就说："婚姻是监狱，为什么非要丧失自由到监狱中去生活呢？"他怡然地生活在他宽大的房产中，他说："这就是生活，一个人必须创造非常有质量的生活方式。"她累了，每次性生活以后，她都想快速地逃逸出去，开着她的宝马车，那是她选择的车名，那是她替代二十世纪七十年代火车的另外一种交通工具。每次都是这样，他坐在露台上喝着浓烈的咖啡时，她已经悄然地离开了。她驱着车，回到服装厂，她会尽快地钻进车间，在里面，她的前夫也在里面——这是一个充满缝纫机的世界。现在，她的前夫较之从前似乎平静多了，她不再是前夫的敌人了，这是一种好的开始，她就是希望这样，从她的前夫眼里看到平静和理解。每当她进入缝纫机的世界中去时，她的自我似乎又重新被找回来了，而现在她从前的恋人方里君那里,她的自我被时光扭曲了。她有很长时间不愿意前去面对方里君,不愿意再回到从前。然而,尽管如此,她仍然会在驱车时不知不觉地回到那列火车厢中去,她又一次嗅到了满车厢洋溢并穿行的一筐鲜红的果实的味道,那种美好的甜酸味让她被感动着。这时候,她去看她的儿子,天知道,儿子为什么长得那样快,那样快呢?

再回首

姚汉在青藤小镇下了车。二十多年前在这座小火车站上他上了火车,转眼之间就奔驰而去了。火车的速度太快了,以致于当他趴在窗口想回头看一眼站在月台上的李竹英时,就再也没能看到那座月台了。火车滑行而去,朝着黑暗中的铁轨,以不可思议的距离改变了姚汉沉浸于一座小镇的短暂恋情。

让我们回到二十多年前去,这是一个再回首的姿态。首先让我们看见姚汉站在飞机场上目送情人肖婷婷的那一个瞬间。这是一个黄昏的时刻,姚汉驱着车终于来到了飞机场外的那片空地上,四周是铁栅栏,把飞机场严密地控制在内。姚汉在昨天晚上已经与肖婷婷告别过,他们是在下半夜告别的。

告别的轻重只有沉浸在其中的人才能感受。其实，他们早就已经告别过了，在一次又一次的争执中早就已经发誓不再见面，然而，因为置身在一座城市，隔得太近，就很容易再见面，直到昨天晚上，他们才真正地举行了告别仪式。之前，他们十分隆重地选择了一家饭店共用晚餐，不过，那只是形式而已，他们似乎都失去了胃觉，怎么也没有好胃口，不过，他们却喝干了两瓶红葡萄酒。接下来就是真正的告别了，姚汉又像往常一样把肖婷婷送到住处，下了车后，姚汉似乎是用整个身体搀扶着肖婷婷在上楼，而且肖婷婷的整个身体显得比以往任何时候都沉重，一种告别的沉重。他本想在上楼以后就离开，哪知道他刚想走，肖婷婷就拉住了他的手臂对他说："陪陪我吧，这是最后一夜了。"于是，他就像以往那样守候在肖婷婷的旁边，他睡在一侧，因为他太困了，而且酒精也在弥漫之中，这一夜，他和肖婷婷什么也没有再发生。如果在过去的会面之中还会偶尔做爱的话,这一夜,他们仿佛再也不会激起身体的欲望了。

天一亮,他就离开了。在离开之前,他已经看见肖婷婷茶几上的飞机票,那张飞往巴黎的机票意味着肖婷婷即将飞往旧日恋人的怀抱之中去。肖婷婷是在半年以前跟旧日恋人联系上的,好像是通过他们中间的一个朋友,接下来,肖婷婷就经常跟远在巴黎的男友通电话。不久之前,肖婷婷明确地与姚汉提出了分手。分手的理由很简单:旧日的恋人又开始追求肖婷婷了,并且让她飞到巴黎去。

姚汉跟肖婷婷谈恋爱已经很长时间了,恋爱史已经有五年了。然而,两个人都不肯轻易地结婚,也就是说两个人都只愿意谈恋爱,而不愿意失去恋爱的那种感觉。

四十多岁的姚汉驱车来到飞机场的铁栅栏外面时,不知道什么时候突然滋生了一种从未有过的冰凉的感觉。他望着一架又一架飞机在轰鸣之间开始滑行。他不知道肖婷婷是乘哪一架飞机起飞的，因为飞机太多了，频繁不休地在飞翔着，往往是一架飞机刚起飞，另一架飞机就落下来。不管怎么样，在这种飞降之中，姚汉不得不面对一个新的现实：肖婷婷飞走了，飞往遥远的巴黎与旧日的恋人重续旧情。

这天晚上，姚汉驱车来到了一座酒吧，独自一个人在悠扬的萨克斯中，要了一杯威士忌。就在他目光缥缈时，他突然看见了二十年前的一种短暂之恋。

首先出现了青藤小镇。那时候他大学刚毕业，他分配到省第一防疫站做一名医生。然而，之前，他必须到一座小镇去实习两个多月。所以，当他乘坐着火车到青藤小镇时，心情感到很寂寞，因为对于他来说，青藤小镇毕竟对他太遥远了。

遥远在一夜的火车之间突然被缩短了距离。当他从火车站走向青藤小镇时，看见了到处挂满了绿色的盎然的藤蔓，这让透不过气来的姚汉感觉到了一种凉爽。就这样,他来到了青藤小镇防疫站开始了实习生活。

乏味的小镇使他显得很孤独的时刻突然被一个女孩子笼罩着。女孩儿匆忙地奔往防疫站时恰好是一个星期六的上午,防疫站的工作人员都休息的日子,整个防疫站就只有姚汉一个人,因为防疫站的人们都回家住,只有姚汉独自一人住在防疫站一间小小的房间里。一个女孩儿的叫声使他从房间里探出头来,当时他正在无聊至极地叠着一只小纸鹤。这种技艺是母亲教给他的,他早已忘记了,因为太无聊了,所以又开始寻找童年时代的乐趣。女孩儿正无助地在门外探着头叫道:"有人吗?我家的猫死了,而且院子突然出现了三只死老鼠。"姚汉在女孩儿的叫声中掀开窗帘走了出来。

就这样,他认识了李竹英,一个刚进入十八岁的小镇女孩儿。他陪同女孩儿迅速地赶到女孩儿家,起初,他很紧张,是不是发生了鼠疫?如果是这样光他一个人的力量就显得太微不足道了,他得去通知别的工作人员。而当他做了一番检查时,才发现老鼠和猫都是因为偷吃了邻居家的老鼠药中毒而死的,这样,姚汉才嘘了一口气。

不管怎么样,他认识了李竹英,当他看见李竹英浑身颤抖的身体时忍不住升起了一种怜悯之情。他环顾四周,很大的房间里竟然只有李竹英一个人居住。后来他才知道李竹英的父母在她年仅四岁的时候就离开了,李竹英是从小跟爷爷一块儿相依为命长大的。

尽管那一天没有鼠疫发生,李竹英的那只猫却死了,她哭了起来,告诉姚汉说,这只猫实在是太可怜了,在爷爷外出的这段时里,一直是猫陪伴着她的生活。爷爷在半年前突然跟几个旧友到外地做烟草生意去了,就剩下她独自一人守候着家。李竹英高中毕业,跟大学没有缘分,所以,她决定不再考虑上大学了,就在小镇开了一家杂货铺。

而那间杂货铺竟然离防疫站很近,五分钟就到了。从此以后,姚汉经常到李竹英所开的杂货铺买香烟。那时候，姚汉的烟瘾已经很重了，每天都要抽一包烟，而他通常是黄昏时到李竹英的杂货铺前买香烟的，这段时间通常是姚汉最无聊的时光，防疫站的工作人员下班回家了。他慢悠悠地在小镇的街道上走着，然后在落日消失的那一刹那慢慢地向着杂货铺走去。当杂货铺离他越来越近时，他会涌起一种清新的感觉：一个纯净的小镇女孩儿坐在杂货铺前，笑眯眯地羞涩地看他。

他通常会趴在柜台前，买香烟并不重要，到任何杂货铺都能买到香烟，最为重要的是能够趴在柜前与李竹英聊天。他们开始时同样会说一些听上去似乎比较无聊的话题，比如，哪一只猫又死了，哪一只狗又偷吃了老鼠药等。

让他和李竹英产生故事的是一场暴雨。这场暴雨在姚汉出门到杂货铺之前就已经快要降临了，然而，姚汉似乎并不在乎。他像往常一样用慢悠悠的脚步朝着杂货铺走去。当他刚走到杂货铺前的柜台时，暴雨降临了。他不得不到小小的杂货铺前避雨，雨越来越大，敲击着杂货铺，就像旋律一样悦人。而且在暴雨中似乎天很快就要黑了。

接下来是聊天，暴雨依然没有停止。聊天却继续下去，慢慢地，李竹英关起了杂货铺，她是这条街道最后一个关杂货铺的，因为天色越来越暗，大约是半夜了，然而雨却越下越大，不会即刻停止。姚汉倾听着暴雨敲打着杂货铺的屋顶，似乎敲击着他开始滋生杂芜的心绪。

杂芜来源于一种情绪，他好像已经搜寻完了世界上所有听见过，或凭他自己而想象的逸闻逸事，讲述给一个小镇的女孩子听。很显然，李竹英很崇拜他，不仅仅因为他来自省城，而且他会讲故事，这些故事让李竹英用一双明亮的双眼看着他。就在这一刻，一阵雷电交织在眼前，仿佛雷电会穿越墙壁而来。当又一阵雷电扑面而来时，李竹英突然靠近了姚汉说："好大的雷啊！"姚汉伸出手去扶住了她的肩膀。雷鸣以后，他突然发现，两个人紧紧地依靠在一起了，那盏昏暗的二十年前的白炽灯泡照耀着他们青春期的脸。

这就是故事的开始，接下来，姚汉继续到李竹英的杂货铺买香烟，继续在黄昏以后与坐在一间杂货铺的小镇女孩儿来往着。自从他们彼此松开手臂以后，两个人见面时都感觉到了羞涩。于是，在这种羞涩的笼罩下，姚汉在一天夜里怎么也无法挪动身体，最初时，他仍像往常一样趴在柜台上与李竹英聊天，慢慢地，他的身体便挪动到杂货铺里，仿佛总有一种力量在支配着他去接近李竹英。他坐在杂货铺的小凳子上与李竹英聊天，当然会更加亲切。就这样，他心灵的杂芜在一天夜里突然变成了欲望，当他把手突然伸进李竹英的胸前时，李竹英叫了一声，并没有反抗，好像也不拒绝他。

起初是拥抱和透不过气来的接吻，持续了半个多月后，在那间杂货铺的一个半夜，他们发生了第一次性关系。姚汉和李竹英沉浸在猛烈的爱欲之中，从未想象过未来是怎么一回事，也从未想过未来是什么结果。

姚汉把青春期的第一次爱欲的激情耗尽在小镇的夜色之中时，也曾经滋生过想把小镇女孩子带出小镇的愿望。然而，这个愿望始终埋在他的心里，没有被他所说出来。直到要离开小镇的头三天，他才拥住李竹英说，三天后，他就要离开小镇了。

李竹英仰起头来看了他一眼说："你走了，我怎么办？""我想，我会来看你的……""然后呢？"李竹英似乎想寻找一种长夜旅途之后的结果。然而，这个结果对她来说是迷惘的，在即将离开小镇三天的时间里，他们几乎都是厮守在一起，尽管如此，当彼此从对方的手臂中仰起头来时，三天时间已经过去了。第四天降临时，李竹英不得不把姚汉送到火车站的月台上。

火车开走了，挟裹住层层落花流水似的车轮转眼之间已经把姚汉带到了往昔。他来到了邮电所，二十多年前，电话并没有普及，如果打电话只能到邮电所去。

当他站在附近的邮电所里终于拨通了电话时，电话却没人接。临别时，李竹英把一个电话号码给了他，并告诉他这号码是药材公司的电话，她有一个表妹在药材公司卖药，电话可以打到药材公司找她表妹，再由她表妹转达给她就可以了。当天晚上的电话没有打通，第二天，他依然又到了邮电所，这次是电话通了，接电话的男人对他说这是上班时间，不允许职工来接电话。电话好像在药材公司的办公室，接电话的男人好像是一名干部，让他想起了当他在小镇实习时听见过的那种小镇干部的腔调，他感到有些反抗，发誓从此以后不再打电话了。

唯一联系的方式丧失以后，他试图给李竹英写信。然而，第一次当他拿起笔来时，都感觉到无话可说。他撕了许多印有市防疫站的公用便笺，最后写上几行字，又被他扔进了纸篓里。令他感到迷惘的是他不知道对远在小镇的女孩子说些什么好，而就在这种迷惘中，他认识了另外的女孩子，她叫张咪，一个笑眯眯的女孩儿，坐在电影院卖电影票。二十多年前，这绝对是一个很时髦的职业，因为看电影也要走后门，因为买电影票要排长队。姚汉实习回来后，每周都要看电影，而每次看电影之前都要排长队，这让他浪费了许多时间。为此他认识张咪以后，感到很高兴。因为再也用不着为电影票发愁了，张咪会留下他的电影票。

就这样，他恋爱了。这场恋爱纯属与看电影有关系，他每次看电影前都要到售票口取电影票，这是令他激动的一个时刻，张咪会用纤细的手指夹住一张电影票从窗口递给他，他能够感觉到电影票上的一阵余温。尽管如此，张咪却没有时间陪他看一场电影。为此，他依然期待着等到张咪休息时陪她看一场电影。因为看电影而认识了张咪以后，他渐渐把远在小镇生活的李竹英忘记了。他只是偶然的一刹那间会想起她来，比如坐在电影院中看见镜头里的男人和女人互相拥抱时，他的身心突然会激荡起一种灼热的情绪,他想起了小镇女孩儿李竹英躺在杂货铺中的那张小床上,在他的身体下面轻轻地喘息着。

然而,走出电影院以后,他又忘记了这一切,新的现实就在他眼前晃动着。当他终于盼来了张咪休息与他看电影时他兴奋极了,这是他除了小镇女孩子之外的第二次恋爱。张咪来了,穿着鲜艳的裙子跃到了他的眼前。他的手在膝头上抓住了张咪的手,在一个半小时的电影里,他就这样一直紧紧地抓住她的手。这场电影恋爱持续了两年半,有一天,张咪突然对他说她不想在电影院卖电影票了。他惊讶地问为什么,张咪说她想到外地去,他紧张地问道去外地干什么,张咪沉默着不吭声。从这以后,张咪就在慢慢地开始疏远着他,直到有一天,有一个电话打到单位,张咪在电话里告诉他说,让他忘记她好了,她已经跟一个男人到外地去了。

他愣了一下,把头埋在办公桌上,仿佛想为此埋葬那段经不住时间考验的短暂恋情。

从那以后,他不再看电影了,也不再到电影院去。他不停地恋爱,但恋爱的心态已经有了变化,再也没有那种激情在燃烧的感觉。

他产生了一种逢场作戏的心态,认为男人跟女人在一起只不过是一种游戏而已,一旦结束以后,也就散场了。几十年来,他不断恋爱,然而,正像他所想象的一样,每一场恋爱最终都以游戏的方式结束。

直到他遇见了肖婷婷,这场恋爱持续了许多年,在隐隐约约之中,他感觉到游戏不会再散场了,应该选择一个良好的时辰庄严地向肖婷婷求婚。然而当这样的时刻降临时,肖婷婷却提出了分手的决定。

飞机载走了肖婷婷,再一次击碎了他的恋情之梦,而他已经四十岁了。在肖婷婷离开以后,他突然追忆着生命中出现过的许多女人的面孔,慢慢地他感觉到了一种厌倦,一种对城市女人浮华和虚荣的厌倦。

而在这种厌倦之中出现了二十年前的小镇女孩子李竹英。猛然间,他突然产生了一种初恋的感觉，仿佛那场雷雨再一次降临在他身边。于是，怀着一种复杂性的感情，他买下了奔往小镇的火车票。此刻，他已经在青藤小镇下了火车。

　　让我们的故事从二十年前回到现在。因为只有现在意味着新的开始。姚汉提着一只简易的旅行包朝着小镇走去，此刻已经是黄昏了，这不是二十年前的黄昏，却没有多少差别。在所有的差别之中，只有时间在变幻，在凌乱而有序地变化着。当年的姚汉是一个二十来岁的青年，此刻，他已经变成了一个中年男子。

　　首先，他变成熟了。在这里，成熟意味着时过境迁，过去的已经消失了，而姚汉依然在寻找着二十年前的那条小街道在哪里。好像再也不是二十年前的青藤小镇了，每一条街道都变了原形，街道变宽了，那些窄小的街道已经消失了。无论他怎样寻找，根本就看不见镶嵌着一间小杂货铺的那条街道。

很显然,二十年前的图像肯定在消失,在二十年前的图像中的那个女孩子坐在杂货铺里看着他,而此刻,他记忆中的杂货铺不见了。

旅馆多了起来,而且在越来越宽的街道上竟然能够看见街灯了。然而,二十多年前是根本看不见街灯的。当他在黄昏慢悠悠地朝着杂货铺走去时,天色变得越来越暗,而当他从杂货铺回到防疫站时已经是漆黑一片了。

姚汉住进了一家旅馆。他总不可能在街道上闲转,因为根本就看不到二十年前的杂货铺。当然,他想到了李竹英的家,他第一次认识李竹英就是站在那座散发出苹果气息的小庭院中,而他当时是一个实习生,一个防疫员。

他准备第二天再去寻找李竹英的家。这个夜晚他经历了有生以来的漫长,简直是煎熬。不过,从小旅馆的四壁之中散发出等待,他仿佛又一次清晰地、温馨地回忆起来在那个暴雨之夜,把手伸向李竹英的手心,那里面充满了磁场,使他无法拒绝。

天终于亮了,他几乎是在失眠之中度过的,既没有做一个梦,也没有打一个盹。他基本上沉溺在二十年前的回忆之中:在回忆里,始终都是那条唯一的路,当黄昏降临时,他总会溜出防疫站,沿着小街走进李竹英的柜台。当他听见了旅馆外的叫卖声时,他走出了旅馆家门时变成了现实。在现实之中他看见了一个女人的背影,这个酷似李竹英的女人正站在院子里懒洋洋地打了个哈欠。

姚汉不断地对自己说,这个女孩子绝对不可能是李竹英,因为二十多年已经过去了,李竹英绝对不可能依然保持着二十年前的模样。而这个女孩子到底会是谁呢?当他迷惑时,院子的女孩儿发现了他,问他找谁,他支吾着说:"这是李竹英的家吗?"女孩子点点头说:"李竹英是我母亲,不过,她已经在三年前就去世了。你认识我母亲,难道你不知道我母亲在三年前就已经去世了吗?"

姚汉惊愕地点点头,透过拂晓散去的一层迷雾,光线开始变得越来越明亮。他仿佛置入了一段歧途，一种不可思议的迷惑使他不知道应该走进屋去，还是应该退出来。而当他看见站在面前的女孩子正在等待着他的回答时，他寻找到了一种二十年前的解说词："我是你母亲过去的老朋友，我已经有很多年没有见到你母亲了……我不知道你母亲已经去世……"女孩儿请他进了屋，并给他沏了一杯浓茶。

当他从女孩子手中接过杯子时，又看了女孩儿一眼，女孩儿简直就是二十年前的李竹英：她身材修长，目光明亮，举止中透出一种羞涩。现在，他想通过女孩儿探究李竹英的故事。这些故事当然是二十多年来发生的，是在他乘着火车离开小镇所发生的故事。

女孩儿走进屋来，看上去，女孩儿对一个陌生人当然也充满了好奇。女孩儿问他是在什么地方认识母亲的，她说她好像从来没听说过母亲有一个在省城生活的朋友。姚汉惭愧地低下头来，仿佛在寻找二十多年前自己遗忘李竹英的一系列证据,他曾经去过邮电局给李竹英打过电话,他曾经铺开信纸想给李竹英写信,然而,这两种联系的方式最终都夭折了。就这样,别的生活取替了这一切,而青藤小镇又是如此的遥远,忘记一个远在小镇的女孩子对那时候的姚汉来说是如此的简单。

女孩儿突然说:"如果你想看我母亲的墓地,我可以带你去。""墓地……"他欠起身来,难道二十年之后,他只可能去面对李竹英的墓地吗?他感觉到一种悲哀,以及被这种悲哀所掩饰住的秘密。

就这样他跟着女孩子出了门,他很想给李竹英带一束鲜花去,走到街上时,他四处在寻找卖花的人,他问小女孩儿:"小镇有没有花店?"女孩儿思忖了一会儿说:"我给你去院子里摘几朵鲜花吧,因为小镇根本就没有人开花店,因为每家人的院里都有鲜花。"女孩儿说完就返回了家,而他就站在街边,几分钟之后,女孩儿来了,手里举着几朵月季花,走近姚汉后对他说:"我母亲最喜欢月季花了,这是她生前栽下的花,你送给她,她自然会很高兴的……"

姚汉从她手中接过了那束红色的月季花,他嗅到了花香,他有一种无法控制的伤痛,然而,这伤痛却无法言说。女孩儿带着他开始上山了。墓地就在小镇外的山冈上。

他一直紧紧地捏住那束花,上面的荆棘扎痛了他的手指,他不松手,似乎荆棘扎得越痛,他的灵魂才能舒服一些。墓地跃入眼帘,他一见到写着李竹英的墓地时,就产生了一种想扑上去的感觉。然而,他却感觉到了女孩子在观察着自己,他的一举一动都被年轻的女孩儿探究着,因而他再一次寻找到了二十多年来的理性。慢慢地,他走上前去,把手中的月季花插在墓地的泥土上。女孩儿突然说:"三年来,你是第一个来看我母亲墓地的人。十九年以来,你是我见过的第一个与我母亲有关系的男人……"

"你父亲呢?"他在欠起身来的时候

发出了这样的疑问。女孩儿看了他一眼，满含泪水地说："我根本就没有父亲，自从我出世以后就从未看见过父亲……我曾经问过母亲，我父亲到哪里去了，母亲说我父亲死了……当我慢慢长大时，我又问我母亲，既然我父亲已经死了，那么父亲埋葬在哪里呢？母亲回避我的目光说：'你问这么多干什么，一个死去的人为什么非要有什么墓地呢？'"

从那以后，女孩儿再也没有寻找过父亲。此刻，女孩儿的目光突然盯着姚汉发出了令姚汉感到震惊的疑问："你是谁？你到底是我母亲的什么人？你为什么从省城来到小镇？"对此，姚汉也坚决地、绝不含糊地说道："我已经说过了，我是你母亲的朋友……""什么样的朋友？你是在什么时候什么地方认识我母亲的？""你为什么非要知道这些呢？""因为我想知道我到底是从哪里来的。"

姚汉沉默着，跟着女孩儿从墓地下山

了。他的沉默似乎使女孩儿显得很恼怒，下完山之后，女孩儿就从他眼前消失了。他只好回到旅馆，他显得很沉痛，他之所以沉痛是因为他无法面对李竹英的墓地。他无法置信，二十年前他见到李竹英的时候，她还只是一个十八岁的小姑娘，而二十年后的今天，李竹英却变成了墓地。他躺在旅馆的窄床上，回首着时光的翩然而去，顿然感觉到自己已经变老了。他推开了一阵阵扑上来的迷雾，仿佛推开了阵阵时空的屏障，一个新的问题突然上升在眼前。

李竹英的女儿是谁？他回忆着女孩儿对他断断续续地讲过的话，女孩儿从出生以后就没有看见过父亲，这么说，李竹英根本没有婚姻。而且据女孩儿讲，在李竹英的心灵中，女孩儿的父亲已经死去了。姚汉突然想起了那些疯狂的夜晚，他把手伸进李竹英的身体的肌肤上，抚摸着情欲的青春时光。

一个问题第一次出现在他面前：难道女孩儿就是他和李竹英在二十多年前的夜晚孕

育的生命吗？而且女孩儿恰好十九岁，这个年龄正切合二十多年前的时光之谜。他想去探究这个问题，于是走出了旅馆，这个时候天已经黑了，他直奔女孩儿的家。前来开门的是一个青年，他问姚汉找谁。姚汉往里面看了一眼，女孩儿听到他的声音就出来了，并且走上前来挽住男青年的手，冷漠地看了姚汉一眼说："我跟我男友正在约会，你又来干什么？"

姚汉突然说："我想跟你谈谈，有些东西我想告诉你……"女孩儿说："明天好吗？今晚我要约会，我男友刚从县城来。"姚汉想明天就明天吧，已经二十年过去了，为什么不能等到明天呢？他出了门，然而，他没有很快回旅馆去，而是在小镇转来转去。后来他又转到了女孩儿的家门口，他看见了庭院中的灯光，再后来，这灯光就熄灭了。他突然产生了一种慌乱的感觉：那个从县城来的男孩儿也许会在灯熄灭后同女孩儿发生什么。如果是这样的话，他应该去阻止他们,因为他也许是女孩儿的父亲。他刚把手放在门上,却又移开了,夜色已经很深了,他为什么要叩门?这样会让女孩儿恼怒的,他之前已经看见女孩儿恼怒了。一种追问历史的恼怒在女孩儿明亮的眼光中闪烁着。

他又回到了旅馆,第二天一早,他就起床了。他早早地敲开了女孩儿的门,女孩儿早起床了,他进屋以后看到女孩儿拎着一只旅行包和那个县城来的青年站在一起,正准备出门的样子。女孩儿告诉他说,不想与他谈话了,因为她准备离开小镇了,她想跟随男青年到县城去生活。

姚汉愣住了,他突然对女孩儿说:"我就是你的父亲,我想我应该带你去省城去生活,如果你愿意的话,我们马上离开这个小镇……"女孩儿的泪水夺眶而出:"你以为我想跟你到省城去吗?你以为我会认你这个父亲吗?我出世以后我只有见过爷爷,他在母亲之前去世了,其次就是我母亲,现在母亲也离我而去了，我用不着留在小镇了……"她一边说一边走上前来拉住男青年的手说："我们走吧，你也走，我不认识你，对于我来说，我父亲早就死了。"

就这样，女孩儿把姚汉推出了小镇，当他独自一个人乘坐火车回省城时，感觉到世界上最珍贵的东西已经离他而去了。